“十四五”时期国家重点出版物出版专项规划项目

数字社会科学丛书

国家出版基金项目
NATIONAL PUBLICATION FOUNDATION

科技赋能与数据驱动

数字城市治理

张蔚文　张永平　著

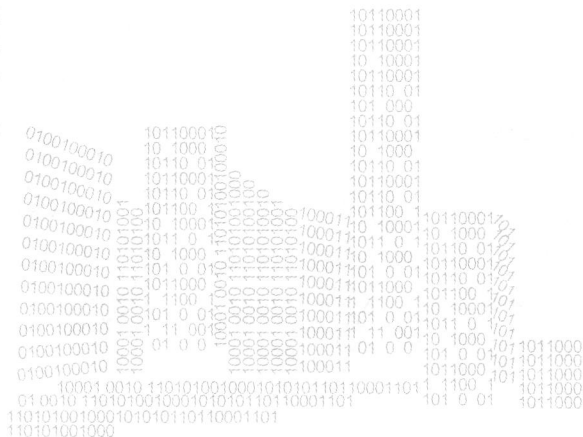

Digital
Urban Governance

A Technology-empowered and Data-driven Approach

ZHEJIANG UNIVERSITY PRESS
浙江大学出版社
·杭州·

图书在版编目（CIP）数据

数字城市治理：科技赋能与数据驱动 / 张蔚文等著
. — 杭州：浙江大学出版社，2022.9
ISBN 978-7-308-22813-8

Ⅰ．①数… Ⅱ．①张… Ⅲ．①数字技术—应用—城市
管理—研究 Ⅳ．①F293-39

中国版本图书馆CIP数据核字(2022)第118301号

数字城市治理：科技赋能与数据驱动
张蔚文　张永平　著

出 品 人	褚超孚
策划编辑	张　琛　吴伟伟　陈佩钰
责任编辑	陈佩钰（yukin_chen@zju.edu.cn）
文字编辑	葛　超
责任校对	许艺涛
封面设计	浙信文化
出版发行	浙江大学出版社
	（杭州市天目山路148号　　邮政编码　310007）
	（网址：http://www.zjupress.com）
排　　版	杭州林智广告有限公司
印　　刷	杭州宏雅印刷有限公司
开　　本	710mm×1000mm　1/16
印　　张	13.5
字　　数	160千
版 印 次	2022年9月第1版　2022年9月第1次印刷
书　　号	ISBN 978-7-308-22813-8
定　　价	68.00元

总　序

在这个百年未有之大变局的时代，在这个数字技术席卷全球的时代，在这个中国面临伟大转型的时代，以习近平同志为核心的党中央放眼未来，在数字经济、数字治理、数字社会等方面作出重大战略部署。《中华人民共和国国民经济和社会发展第十四个五年规划和 2035 年远景目标纲要》第五篇"加快数字化发展建设数字中国"强调，"迎接数字时代，激活数据要素潜能，推进网络强国建设，加快建设数字经济、数字社会、数字政府，以数字化转型整体驱动生产方式、生活方式和治理方式变革"。2021 年 10 月，在中共中央政治局第三十四次集体学习之际，习近平总书记强调："数字经济发展速度之快、辐射范围之广、影响程度之深前所未有，正在成为重组全球要素资源、重塑全球经济结构、改变全球竞争格局的关键力量。"①

随着数字技术不断发展和数字化改革的不断深入，数字经济已经成为驱动经济增长的关键引擎，数字技术正逐步成为推动国家战略、完善社会治理、满足人们美好需要的重要手段和工具。但与此同时，社会科学的理

---

① 把握数字经济发展趋势和规律 推动我国数字经济健康发展.人民日报.2021-10-20(1).

论严重滞后数字化的伟大实践，面临着前所未有的挑战。无论是基本理论、基本认知，还是基本方法，都面临深层次重构，亟须重新认识社会科学的系统论、认识论和方法论，对新发展阶段、新发展理念和新发展格局有深刻的洞察。

浙江大学顺应全球科技创新趋势和国家创新战略需求，以"创建数字社科前沿理论，推动中国数字化伟大转型"为使命，启动数字社会科学会聚计划。数字社会科学会聚计划将以中国数字化转型的伟大实践为背景，以经济学、管理学、公共管理学、法学、新闻传播学等学科为基础，以计算机和数学等学科为支撑，通过学科数字化和数字学科化，实现社会科学研究对象、研究方法和研究范式的数字化变革。本会聚计划聚焦数字经济、数字创新、数字治理、数字法治、数字传媒五大板块。数字经济和数字创新将关注数字世界的经济基础，研究数字世界的经济规律和创新规律；数字法治和数字治理关注数字世界的制度基础，研究数字世界的治理规律；数字传媒关注数字世界的社会文化基础，研究数字世界的传播规律。在此基础上，会聚计划将推动数字科学与多学科交叉融合，促进新文科的全面发展，构建世界顶尖的数字社会科学体系，打造浙江大学数字社科学派，推动中国数字化的伟大转型。

依托数字社科计划，集结浙江大学社会科学各学科力量，广泛联合国内其他相关研究机构，我们组织编撰出版了这套"数字社会科学"丛书。以"数字＋经济""数字＋创新""数字＋治理""数字＋法治""数字＋传媒"等为主要研究领域，将优秀研究成果结集出版，致力于填补数字与社会科学跨学科研究的空白；同时，结合数字实践经验，为当前我国数字赋能高质量发展提供政策建议，向世界展示中国在"数字赋能"各领域的探索与实践。

　　本丛书可作为国内系统性构建数字社会科学学科研究范式的一次开拓性的有益尝试。我们希望通过这套丛书的出版，能更好地在数字技术与社会科学之间架起一座相互学习、相互理解、相互交融的桥梁，从而在一个更前沿、更完整的视野中理解数字经济时代社会科学的发展趋势。

黄先海

2022 年 4 月

序　言

　　城市治理是国家治理在某一地理行政单元上的具体表现，是政府、企业、社会组织和居民等多元主体基于特定制度安排，通过合作与协商公共事务来实现公私利益相协调的动态过程。城市治理是国家治理体系和治理能力现代化的重要内容，推进城市治理现代化已成为实现国家治理现代化的重要突破口和基础工作。随着城镇化进程的快速推进，城市问题变得复杂而多样，城市治理难度显著提高。与此同时，科学技术的发展也为提升城市治理水平带来全新的机遇，促使传统城市治理向数字城市治理转型，即逐步形成以大数据、云计算、物联网和人工智能等新一代信息通信技术促进城市治理能力提升的一种新治理模式。

　　本书尝试从科技赋能治理和数据驱动治理两个角度来理解数字城市治理。从科技赋能角度看，新一代信息通信技术加速应用到城市治理领域，融入城市规划、建设、管理、运营等全环节，服务政府、企业、社会组织、市民等多主体，创新城市治理机制，促进城市治理水平提升。从数据驱动角度看，城市治理的过程伴随着海量城市数据的产生。如此丰富的城市数据有助于我们科学理解城市治理过程中涉及的政府、企业等治理主体特征和建筑、道路等治理客体特征。这些实时收集的海量数据也使得人类行为变得可预测，进而提供有针对性的政策措施，以及提供精准、高效和便捷的服务。

全书第一章介绍数字城市治理相关的基本概念、发展演变过程和理论基础。第二章、第四章探讨新一代信息通信技术如何赋能城市治理，具体涉及物联网、大数据、云计算和人工智能等典型技术，以及城市大脑和健康码等典型案例。第三章、第五章探讨数据如何驱动城市治理，具体涉及手机信令数据、智能卡刷卡数据等典型城市大数据，以及交通和人口治理等典型应用。第六章系统探讨了数字城市治理的未来，可能面临的发展机遇和挑战。

全书由我和我的几位年轻同事共同著成，具体分工如下：第一章的作者是张永平和我，第二、三、五章的作者是张永平，其中董照樱子参与了手机信令大数据案例部分的撰写，第四章由我负责，第六章的完成人是徐元朔。全书的统稿工作由我完成。在此，我要特别感谢张永平博士，他为此书的顺利交付做出了重大贡献。感谢大数据专家王晓亮为手机信令大数据案例部分的完成提供了强有力的支撑，感谢宋阳博士对第一章中数字城市治理的理论基础部分提出了很好的修改意见，感谢金晗和刘泽琨两位博士生对城市大脑和健康码这两个案例的贡献。

在开始构思、提笔写作和成书出版的过程中，我们得到了许多领导、老师和朋友的热心帮助和宝贵意见，在此表示衷心感谢。感谢陈佩钰编辑的辛苦付出，她的宝贵建议使本书增色不少。感谢浙江大学中国新型城镇化研究院研究助理吴岩在校稿过程中的倾情付出。本书可以作为公共管理相关专业本科生、研究生的参考书籍，也适合从事数字城市治理相关工作的人士阅读。

数字城市治理还是一个很新的概念，目前缺乏成体系的数字城市治理理论和框架。同时，随着社会经济快速发展，信息技术不断更迭，也会出现新的城市治理问题和挑战，与数字城市治理相关的理论、概念、内涵和框架也处于不断发展和完善的过程中。因此，系统地解读数字城市治理是一项艰巨的任务。受限于作者能力，本书的介绍还较为浅显，讨论不是很充分。我们将争取在未来的版本中不断丰富和完善本书的内容。

张蔚文

2022 年 4 月 12 日于浙江大学中国新型城镇化研究院

DIGITAL URBAN GOVERNANCE 目 录

| 第一章 |
绪 论

| 第二章 |
新一代信息通信技术与数字城市治理

| 第三章 |

新型城市数据与数字城市治理

| 第四章 |

科技驱动城市治理的具体案例

| 第五章 |

数据驱动城市治理的具体案例

| 第六章 |
数字城市治理的未来

CHAPTER 1

第一章

绪　论

DIGITAL URBAN GOVERNANCE

———

一、城市治理与数字城市治理

（一）城市

城市是伴随着人类文明进步而逐步发展起来的。在原始社会，人类过着穴居、树居等群居生活，没有形成固定的居民点。随着生产力发展，人类社会慢慢产生具有军事防御、宗教祭祀以及商品交易等功能的固定居民点，城市由此形成。如今，城市的功能日趋复杂而完善：军事防御和宗教祭祀的功能极大弱化了，居住和工作功能依然重要，消费、教育、科技、文化等功能是否完善则越来越成为左右城市繁荣与否的关键。

城市的内涵非常丰富，各国制度不同，所以无法形成国际统一的定义。一般来说，我们主要通过人口、产业和职能这三个特征来理解城市：城市具有更高的人口密度和数量；城市是以第二、三产业为主体的居民点；城市是工商业、交通和文化教育产业的聚集地，也是一定地域范围内的政治、经济、文化中心（吴志强等，2010）。

不同学科对于城市的理解也有所差异。城乡规划关注城市的空间布局以及如何利用规划、设计等手段安排城市未来蓝图、促进城市发展。地理学关注城市的自然或人文地理要素及其空间特征、人类活动与城市地理要素的关系等。社会学关注城市发展过程中出现的各类社会议题，例如城中村、城市隔离、犯罪等。而经济学则聚焦于城市的经济要素集聚特征，关注城市中各类经济活动规律。不同学科关注领域各有侧重，角度各有不同，构建了既有差异又彼此联系的知识体系，共同推进我们对城市的认识（杨宏山，2017）。

改革开放以来，中国经历了快速城镇化过程。以中国的人口、经济和空间体量来看，这一过程在人类历史上也是前所未见的。国家统计局资料显示，2019 年城镇常住人口已达 84843 万人。1978 年到 2019 年之间，中国城镇化率从 17.9% 提升至 60.6%，年均提高约 1 个百分点。根据世界城镇化发展的普遍规律，我国仍处于城镇化率 30%—70% 的快速发展区间（NORTHAM，1979），所以中国的快速城镇化仍将持续，并走向更高层次的、以人为本的新型城镇化道路。

我们似乎已经进入一个以城市为核心的时代。就像中国快速城镇化所昭示的，越来越多的人选择到城市去。全球范围内也会有类似的现象：人们从乡村去往城市，从小城市搬入大城市。由此也诞生出纽约、伦敦、东京、上海、新加坡等全球枢纽性的城市，引领全球的社会、经济、文化发展。相比于乡村，城市能创造更多、更高质量的就业、居住、休闲、教育、医疗等资源。在现代社会，这些资源对人的综合发展可能是更为重要的。城市居住环境也可以通过城市绿化和绿色技术的普及、交通网络的建立得到改善。这种聚居于城市的模式也能有效应对全球气候变化与促进可持续发展。

（二）治理与城市治理

治理（governance）的英文词源与"政府、统治、行政、行为规则"相关，因此最早的治理概念主要指政府应对自然或社会事件的行为（叶超等，2021）。随着西方国家政府职能转型、民营化兴起和新公共管理等理论的发展，治理出现一些新的内涵。根据全球治理委员会（Commission on Global Governance）的研究报告《我们的全球伙伴关系》，治理可以理解为"个人和制度、公共和私营部门管理其共同事务的各种方法的综合，并且是一个持续的过程"（高奇琦等，2020）。通过正式或非正式的制度安排，不同主体都能够参与到整个治理过程中，相互协调利益冲突，以最终采取合理的行动。治理已经成为影响中国当前和未来发展的重要议题。党的十八届三中全会首次提出"全面深化改革的总目标是完善和发展中国特色社会主义制度，推进国家治理体系和治理能力现代化"的战略目标。党的十八届四中全会进一步提出"推进多层次多领域依法治理，坚持系统治理、依法治理、综合治理、源头治理"的现实要求。

城市治理可以看作是国家治理在某一地理行政区域上的具体表现，是政府、企业、社会组织和居民等多元主体基于特定的制度安排，通过共同参与的方式针对公共事务管理和公共服务提供等进行合作与协商，以实现公共利益与私人利益相调和的动态过程（黄群慧等，2016）。城市治理是国家治理体系和治理能力现代化的重要内容，推进城市治理现代化已成为实现国家治理现代化的重要突破口和基础性工作（杨秀勇等，2020）。

城市治理由城市管理逐步转型而来。在最初的城市管理阶段，一般由政府独立管理公共事务和提供公共服务。随着城市的快速发展，与之相伴的城市问题（"城市病"）变得复杂而具有综合性。例如，如何提高城市的可持续发展水平，就牵涉国土、环境、能源、交通、人口等诸多部门，同时也与经济发展效率的提升、城市公平的促进、公民意识的培养等有关。所以，在现代社会，单纯依靠政府管理城市会困难重重。在现实挑战下，治理理念兴起，逐步开始由城市管理向城市治理转型。各种社会力量开始参与到城市治理的过程中，城市治理由政府单一主体管理过渡到多元主体共同参与协商治理（黄群慧等，2016）。

根据决策行为是否具有强制力，城市治理主体可分为权力主体和非权力主体。权力主体包括中共市委员会和市国家机关（市人大及其常委会、市政府、市检察院、市法院）。非权力主体包括民主党派、事业单位，以及各类企业、社会组织和市民等。多元主体参与制定城市政策，协助维护社会秩序，提供多元化社会服务，并通过各自的利益表达和聚合机制，将自身的利益诉求传递给公权力组织。而根据组织属性，在中国这一特定情境下，城市治理主体又分为政治、经济和社会组织：（1）政治组织是为了实现政治领导、公共管理或公众参与而建立起来的政党、国家机关和政治团体；（2）经济组织是以盈利为目的，运用各种生产要素，向市场提供商品或服务的单位；（3）社会组织则是为了实现公益或互益目标而有意识地组织起来的非权力性、非营利性的社会群体（杨宏山，2017）。

（三）数字城市治理

随着社会发展，城市问题变得复杂而多样，城市治理难度显著提高。与此同时，值得庆幸的是，社会的发展本身也为城市治理带来了全新的机遇。这种机遇很大程度上源于科学技术的发展，尤其是最近十余年快速发展的新一代信息通信技术（Information and communication technology）。从字面上看，数字城市治理可以从两个角度来理解：以数字城市或智慧城市为对象的治理，或者是以数字化手段提升的城市治理。在本书中，我们采取后一种角度，即数字城市治理是指以大数据、云计算、物联网、区块链、人工智能等新一代信息通信技术促进城市治理能力提升的一种新治理模式。因为理解角度或偏好不同，在其他研究中，数字城市治理有时也被称为城市数字治理，或智慧城市治理等。有些研究还会将数字城市治理看作是智慧城市治理的早期阶段，即后者具有比前者更丰富的内涵（焦永利等，2020）。在本书中，我们将数字城市治理看作是一个内涵不断丰富、实践不断发展的概念。

孙彤宇等（2020）指出，智慧城市治理具有智慧工具、智慧模式和智慧成果三大要素。智慧工具是指与以物联网、云计算、大数据、人工智能为代表的新一代信息通信技术相关的各类软硬件。它可以算是数字城市治理的基本要素，具有工具性和技术性的特征。没有各类数字化工具的广泛应用和支持，难以称为数字城市治理。智慧模式是智慧城市治理所体现出的新型人类协作方式。智慧治理主要通过外部协作与参与的方式，以及组织内部协调机制和决策过程的智慧化来实现（MEIJER et al，2016）。对于传统城市治理过程中最具挑战性的部分，即如何构建政府与公众以及各类利益相关者之间的协作关系，借助数字化手段，智慧城市治理可以根据治理对象和目标来进行更好的安排和协作。已有研究中出现很多可以用于解释智慧城市治理的理论，如协同治理（collaborative governance）、多主体治理（multi-actor governance）和参与性治理（participatory governance）等。智慧成果是城市治理智慧化或数字化的目标，主要体现在以下几方面：提高公共服务和资源利用的效率；加强城市治理过程的透明性和公众参与性；降低对自然环境的影响，提升城市环境的生态绩效；对城市灾害做出快速反应，并制定平衡的风险管理策略；提高市民受教育程度和吸引高学历人力资源；增加不同主体之间的在线互动，提升政府服务能力；等等。

李文钊（2020）认为，在城市治理的数字化转型过程中存在着三种逻辑：数据逻辑、技术逻辑和治理逻辑。数据逻辑以数据为载体，最初是指对客体的信息提取，随后演化为大数据的收集、存储和分析等，进而构成数字化生存的最典型特征。技术逻辑以技术为载体，最初是指实现人类目标的工具，随后演化成作为科学应用的技术。当前的数字化语境下，这里的技术更多是指新一代信息通信技术。而治理逻辑则是以公共事务治理为载体，最初是指政府和不同主体共同行动解决问题，随后演化为多层次、多领域、跨部门的协同合作和网络化行动。技术和数据必须嵌套在治理场景中才能够发挥作用，数字化的城市治理需要治理、技术和数据三者有效融合，才能实现治理过程的改善和提升。

二、数字城市治理的发展演变

（一）电子政务

中国的数字城市治理最早可追溯至 20 世纪 80 年代的电子政务。在第六个五年计划时期，我国已经明确提出在政府管理中使用电子计算机的要求，少数中央部门（如财政部）着手建立数据中心以支持各类数据处理工作。1987 年，国务院在北戴河召开"全国政府办公厅系统办公自动化工作会议暨全国政府办公厅系统软件交流会",这次会议拉开了我国政府办公自动化的序幕。

1993 年 9 月,美国政府宣布实施一项高科技计划,即"国家信息基础设施"(national information infrastructure)。该计划旨在以互联网(Internet)为雏形,兴建"信息高速公路"(information super highway),使人们能方便共享海量信息资源。为适应全球建设"信息高速公路"潮流,1993 年底,我国正式启动"三金工程",即金桥、金关和金卡工程。其中,金桥是指现代化信息基础设施建设,金关是指海关的电子化报关业务,而金卡则是指各类以电子货币应用为主的卡基应用系统(card-based application systems)。"三金工程"是中央政府主导的以政府信息化为特征的系统工程,是我国政府信息化的雏形(史林娟等,2019)。它的启动也标志着我国"金"字工程的全面铺开。2002 年 8 月出台的《国家信息化领导小组关于我国电子政务建设的指导意见》中明确表示推进十二个业务系统("十二金工程")的建设,即完善已取得初步成效的办公业务资源系统、金关、金税和金融监督(含金卡)四个工程,启动和加快建设宏观经济管理、金财、金盾、金审、社会保障、金农、金质和金水八个业务系统工程。

1998 年 4 月建设的青岛政务信息公众网是我国第一个严格意义上的政府网站。1999 年 1 月,北京举办的"政府上网工程启动大会"标志着"政府上网工程"正式启动。"政府上网工程"使得政府能够提供更为便捷的服务,部分实现了足不出户即可完成与政府部门的办事程序(史林娟等,2019)。

在上述历史时期,以办公自动化、"三金工程"、"政府上网工程"等为代表的标志性项目工程的建设,为此后中国电子政务的快速发展奠定了良好的基础。2000 年之后,中国还出台了一系列政策促进电子政务发展,由此出现了一些新的发展特征：大力推进政务信息共享和业务协同；为适应移动互联网发展，多数政府部门都推出了政务微博、政务应用、微信公众号和政务抖音等；为适应国家"互联网＋"战略和深化行政体制改革的需求，各级部门大力推进"互联网＋"政务服务，优化服务流程、创新服务方式、推进数据共享、打通信息孤岛和推进一体化网上政务服务平台建设等。总体而言，电子政务的发展始终围绕政务展开，虽然与城市管理（治理）相关，但关注点还是有所差别。

（二）数字城市

1998 年 1 月，时任美国副总统阿尔·戈尔（Al Gore）在美国加利福尼亚科学中心发表了题为《数字地球：在 21 世纪认识我们的行星》（"The Digital Earth：Understanding Our Planet in the 21st Century"）的演讲。演讲中他提出"数字地球"这一概念。他将数字地球看成是包含大量地理数据的、三维多分辨率呈现的虚拟地球。通过与地理信息系统（geographic information system）、虚拟现实（virtual reality）等技术结合，数字地球能将全球地理信息存储在计算机上并形成虚拟地理空间。

2005 年，由谷歌公司推出的谷歌地球（Google Earth）是最具有代表性的数字地球应用之一。它将地理信息数据、航空影像等数据叠加在三维模型上，以展示整个地球。用户可以通过键盘和鼠标探索地球，也可以进行标记地点、添加文字、照片和视频等个性化操作。截至 2019 年，谷歌地球已经拍摄了 3600 万平方英里（约 9324 万平方千米）的卫星图片，覆盖地球 98% 的人口地区；它还提供了覆盖 1000 万英里（约 1609 万千米）的 360°全景照片的街景服务功能（NIEVA，2019）。

数字城市可以看作数字地球的一个子概念，关注单一城市行政区域范围内的地理空间数字化。数字城市的关键技术是空间信息技术，如遥感（remote sensing）、地理信息系统和卫星定位系统。这些空间信息技术已经广泛应用于城市规划、建设和管理领域。例如，采用地理信息系统技术可以建立虚拟的城市三维模型，使管理部门能够很直观地管理现实世界。

数字地球的概念也引起我国学者的极大关注。1998 年 11 月，中国科学院地学部在北京召开有多名院士及知名专家参加的座谈会，就数字地球进行研讨。2006 年 5 月，国际数字地球协会在北京成立，这是少数总部设在中国的国际性学术组织（金江军等，2016）。同时，许多地理信息系统企业推出了一系列支持数字城市建设的产品和解决方案。例如，北京超图软件股份有限公司是国内最大的地理信息系统软件厂商，主要从事地理信息系统相关软件技术研发与应用服务。超图推出的 SuperMap GIS 软件在中国地理信息系统软件应用市场的份额排名第一，被广泛应用于自然资源、市政、生态、农业、交通、能源等数十个行业。许多城市也相应开展有关数字城市的建设。2006 年，我国启动"数字区域地理空间框架建设示范"基础测绘项目。此后五年，约有 120 个城市（区）开展了数字城市地理空间框架建设，各地建成一批交通管理、市政服务、公安消防、地下管网、人口管理、土地管理、旧城改造等方面的信息系统（李春华等，2017）。

（三）智慧城市

2008 年 11 月，IBM（International Business Machines，国际商业机器公司）首席执行官彭明盛（Sam Palmisano）在纽约市外交关系委员会发表演讲《智慧地球：下一代的领导议程》，首次提出智慧地球（smarter planet，直译为"更智慧的地球"）这一概念。2009 年 1 月，IBM 在美国工商业领袖圆桌会议上作了有关智慧地球的报告，希望通过加大对宽带网络等新一代信息基础设施的投入来振兴经济并确立美国的未来竞争优势。美国总统奥巴马对 IBM 的智慧地球概念做出积极回应，随后将其纳入美国国家战略和应对金融危机的经济新增长点。IBM 为进入中国智慧城市建设的庞大市场也采取了一系列措施。2009 年 2 月，IBM 提出"智慧地球赢在中国"战略，并建议优先建设智慧电力、医疗、城市、交通、供应链（物流）和银行六大行业。2009 年 8 月，IBM 发布了《智慧的城市在中国》报告。

"智慧地球"这一概念的提出被认为是经过 IBM 公司精心谋划、充分准备和周密部署的，因为其在实现智慧地球愿景的关键技术（传感器网络、云计算、超级计算和数据挖掘等）上具有全球领先优势，有可能借此愿景的推广再次占领未来竞争的制高点（王云辉等，2010）。尽管如此，自推出伊始，智慧地球迅速在全球范围内流行，极大程度上塑造了城市未来发展的道路。

类似数字地球与数字城市两大概念之间的关系，智慧城市（smart cities）也是一个相对于智慧地球的概念。具体而言，智慧城市是指采用物联网、云计算、大数据等新一代信息通信技术，提高城市的规划、建设、管理、运营等环节的智能化水平，进而提高城市人居环境品质和促进城市可持续发展。在智慧城市概念出现之后，国内也迎来了智慧城市建设的热潮。

根据《中国智慧城市标准化白皮书》中有关智慧城市技术体系的说明，智慧城市包括物联感知层、网络通信层、数据及服务支撑层、智慧应用层（中国电子技术标准化研究院，2013）（见图 1-1）。

（1）物联感知层主要提供对城市环境的智能感知能力。它以物联网技术为核心，通过芯片、传感器、射频识别（radio frequency identification，RFID）、摄像头等技术手段实现对城市基础设施、环境、建筑等多方面信息的采集、监测和控制。

（2）网络通信层主要包含普适、共享、便捷、高速的网络通信基础设施。它重点关注互联网、电信网、广播电视网的建设和融合，从而创造全城覆盖的大容量、高带宽、高可靠的光网络和无线宽带网络。

（3）数据及服务支撑层是智慧城市建设的核心内容。它能实现城市信息资源的聚合、共享和共用，并为各类智慧应用提供支撑，主要涉及云计算、大数据、面向服务的体系结构（service-oriented architecture，SOA）等技术的应用。

（4）智慧应用层主要指在上述三层之上建立的各种智慧应用。通过发展多样的面向政府、企业和居民的智慧应用，可以为不同主体提供更加精细化和智能化的服务。应用层的建设可以促进各行业发展，例如智慧政务、交通、教育、医疗、家居和园区等，为公众、企业和城市管理人员等提供全面的信息化服务，促进城市的智能化运行、高效化管理和普适化服务，并可以带动城市的现代化产业体系的建立和发展。

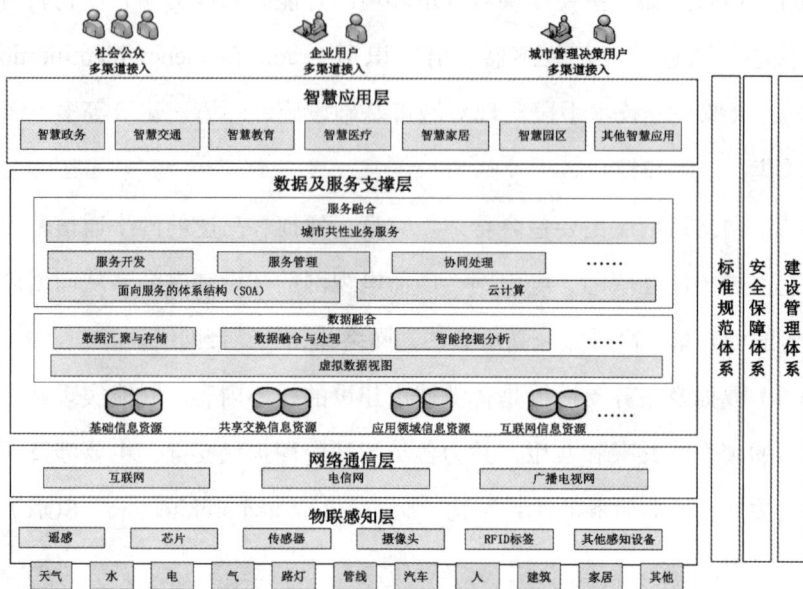

图 1-1 智慧城市技术体系
来源：中国电子技术标准化研究院（2013）。

宁波是最早提出建设智慧城市的城市之一。2010 年 9 月，宁波出台《中共宁波市委、宁波市人民政府关于建设智慧城市的决定》，提出建设智慧物流、制造、贸易、能源、公共服务、社会管理、交通、健康、安居和文化等十大智慧城市应用体系；推进建设网络数据基地、软件研发推广产业基地、智慧装备和产品研发制造基地、智慧服务业示范推广基地、智慧农业示范推广基地和智慧企业总部基地等六大智慧产业基地。

2012 年 3 月，北京市人民政府印发的《智慧北京行动纲要》提出，北京要"建成泛在、融合、智能、可信的信息基础设施，基本实现人口精准管理、交通智能监管、资源科学调配、安全切实保障的城市运行管理体系，基本建成覆盖城乡居民、伴随市民一生的集成化、个性化、人性化的数字生活环境，基本普及信息化与工业化深度融合、信息技术引领企业创新变革的新型企业运营模式，全面构建以市民需求为中心、高效运行的政府整合服务体系，形成信息化与城市经济社会各方面深度融合的发展态势，信息化整体发展达到世界一流水平，从'数字北京'向'智慧北京'全面跃升"。

为规范和推动智慧城市的健康发展，2012 年 12 月，住房和城乡建设部正式发布《关于开展国家智慧城市试点工作的通知》，并印发《国家智慧城市试点暂行管理办法》和《国家智慧城市（区、镇）试点指标体系（试行）》两个文件。在 2013—2015 年之间住建部和科技部分三批公布了国家智慧城市试点 290 个。

2014 年 8 月，国家发改委等八部委联合发布了《关于促进智慧城市健康发展的指导意见》，系统阐述了智慧城市建设的指导思想、基本原则、主要目标和制度设计等。另外，该指导意见指出，"到 2020 年，要建成一批特色鲜明的智慧城市"。在各项政策的推动下，我国智慧城市建设已顺利启动。

2016 年 4 月，在网络安全和信息化工作座谈会上，习近平总书记指出"要以信息化推进国家治理体系和治理能力现代化，统筹发展电子政务，构建一体化在线服务平台，分级分类推进新型智慧城市建设，打通信息壁垒，构建全国信息资源共享体系，更好用信息化手段感知社会态势、畅通沟通渠道、辅助科学决策"[1]。从此，中国进入新型智慧城市的建设阶段。

2016 年 12 月，国务院正式发布《"十三五"国家信息化规划》，其中确

---

[1]　习近平.在网络安全和信息化工作座谈会上的讲话.人民日报，2016-04-26(2).

定了新型智慧城市的建设行动目标："到 2018 年，分级分类建设 100 个新型示范性智慧城市；到 2020 年，新型智慧城市建设取得显著成效，形成无处不在的惠民服务、透明高效的在线政府、融合创新的信息经济、精准精细的城市治理、安全可靠的运行体系。" 2021 年 12 月发布的《"十四五"国家信息化规划》进一步指出，在推进新型智慧城市高质量发展时，需要"因地制宜推进智慧城市群一体化发展，围绕公共交通、快递物流、就诊就学、城市运行管理、生态环保、证照管理、市场监管、公共安全、应急管理等重点领域，推动一批智慧应用区域协同联动，促进区域信息化协调发展"。新型智慧城市有助于引导各个地区利用互联网、大数据、人工智能来推进城市治理和公共服务的智慧化。

2020 年 4 月，由山东省大数据局组织推动、山东省科学院新一代技术标准化研究院主持编制的《山东省新型智慧城市建设指标》正式发布，成为全国首套分级分类推进新型智慧城市建设的省级地方标准。本套标准包括市级、县级、社区三项地方标准，市、县两级标准涵盖数字惠民、数字政府、数字经济、基础设施、保障措施和地方特色 6 项一级指标；并根据市县经济水平、人口规模、工作任务等方面的差异，确定市级 49 项、县级 44 项二级指标；每项二级指标又分为 1—5 星 5 个层级。智慧社区指标则涵盖基础设施、社区服务、社区安全和服务创新 4 个一级指标和 24 个二级指标。

（四）数字城市治理

尽管专注于"城市管理"，网格化管理可以看作是早期数字城市治理的代表性实践，被誉为"现代城市管理领域的一次突破性的整合与创新"（陈平，2006）。2004 年，北京市东城区在全国率先推出网格化的城市管理模式。该模式会将每个街道以万米为单元划分成多个网格，每个网格由专门的网格员负责。在此基础上，城市信息化管理系统会对每个网格内的城市部件进行编码，部件涵盖井盖、路灯、邮筒和电话亭等涉及城市管理的各类城市元素。网格化管理还会重构管理体制，使得监督和指挥分立，确保权责分明，也便于考核评估。2015 年 12 月，中共中央、国务院出台《关于深入推进城市执法体制改革、改进城市管理工作的指导意见》，明确要求到 2017 年底，全国所有市、县都要整合形成数字化城市管理平台。

在推进国家治理体系和治理能力现代化的政策背景下，数字城市治理在 21 世纪第二个十年的发展更为迅速。2013 年 11 月，党的十八届三中全会提出，"全面深化改革的总目标是完善和发展中国特色社会主义制度，推进国家治理体系和治理能力现代化"。2019 年 10 月，党的十九届四中全会指出，国家治理体系和治理能力是中国特色社会主义制度及其执行能力的集中体现，适应社会主要矛盾的变化、战胜前进道路上的各种风险挑战，需要在推进国家治理体系和治理能力现代化上下功夫。国家治理体系和治理能力的建设对于中国社会发展的方方面面都具有重大而深远的理论和现实意义。习近平总书记 2018 年 11 月到上海考察时强调，"城市治理是国家治理体系和治理能力现代化的重要内容。一流城市要有一流治理，要注重在科学化、精细化、智能化上下功夫"①。

经过多年摸索，目前已形成上海"一网通办、一网统管"、杭州城市大脑、雄安数字孪生城市三个典型数字城市治理案例。相比于网格化管理阶

① 坚定改革开放再出发信心和决心　加快提升城市能级和核心竞争力.人民日报，2018-11-08(1).

段，目前的数字城市治理实践更强调"治理"，且更充分运用了新一代的信息通信技术。

上海"一网通办、一网统管"。在 2019 年 11 月上海举行第二届进博会期间，习近平总书记来沪考察，提出"人民城市人民建，人民城市为人民"的重要理念，强调要政务服务"一网通办"和城市运行"一网统管"，将"两张网"建设作为提高城市现代化治理能力和水平的"牛鼻子"工程（赵勇，2020）。"一网通办"通过打通不同政府部门的信息系统，使得市民只需登录政府开设的一网通办政务网站、随申办市民云手机应用（App）以及一些自助终端机，即可办理多项需不同政府部门介入的待办事项，免于亲自在多个行政部门之间来回奔波。"一网统管"则是指可以在一个端口上实现城市治理要素、对象、过程和结果等各类信息的全息全景呈现，在一个平台上对城市治理各类事项进行集成化、闭环化处置。"一网通办"和"一网统管"的建设有助于探索出一条具有中国特色的超大城市治理的新路径。"一网通办"上线 1 年多来，个人实名用户数已达 2186 万，接入服务事项 2312 项，促使办事时间减少 59.8%，办事材料减少 52.9%，好评率达到 99.7%，切实增强了市民和企业的获得感（吴凯等，2020）。

杭州城市大脑。杭州在数字城市治理领域走在了全国前列。杭州城市大脑起步于 2016 年 4 月，以交通领域为突破口，开启了利用大数据改善城市交通的探索，如今已迈出了从治堵向治城跨越的步伐，取得了许多阶段性的成果。目前，杭州城市大脑的应用场景不断丰富，已形成健康码、人才码、亲清在线、数字城管、数字驾驶舱、两山银行等 48 个数字化应用场景，并发布了三批 113 个应用场景项目。2016 年至今，城市大脑实现了由交通治堵的局部探索向全面治城的重大跨越，在数字赋能城市治理方面展现出广阔前景和巨大潜力，特别是在新冠肺炎疫情防控中，城市大脑发挥了十分重要的作用。2020年3月，习近平总书记在杭州城市大脑运营指挥中心观看了"数字杭州"建设情况，了解杭州运用健康码、云服务等手段推进疫情防控和复工复产的做法。他强调，城市大脑是建设"数字杭州"的重要举措。通过大数据、云计算和人工智能等手段推进城市治理现代化，大城市也可以变得更"聪明"。从信息化到智能化再到智慧化，是建设智慧城市的必由之路。①2020年6月，中共杭州市委提出要做强做优城市大脑，打造全国新型智慧城市建设"重要窗口"的决定。坚持数字赋能城市治理，用大数据、云计算、区块链和人工智能等前沿技术创新城市管理手段、模式和理念，进而推动城市治理体系和治理能力现代化。杭州将把城市大脑建设作为数字赋能城市治理的主要抓手，全面提升城市治理现代化水平，不断完善城市治理现代化数字系统解决方案，打造"全国数字治理第一城"。

雄安数字孪生（digital twin）城市。 数字雄安建设最重要的特征是在建设真实城市的同时，通过万物互联实现多源数据汇集，搭建未来城市的智能模型，形成与雄安同生共长的数字孪生城市，使其成为世界上第一个从城市原点就开始建设的全数字城市。数字孪生城市是数字孪生技术在城市层面的应用。它能构建物理世界与网络虚拟空间一一对应、相互映射和交互协同的复杂系统，在网络空间再造一个与现实城市相匹配和对应的孪生城市。数字孪生城市能实现城市全要素数字化和虚拟化、城市状态实时化和可视化、城市治理决策协同化和智能化，虚拟城市和物理城市同步

---

① 张晓松，杨维汉，朱基钗.习近平：运用信息化让城市变得更"聪明".新华网，2020-04-01.

规划和建设。雄安数字孪生城市将为建设面向未来的、绿色、智能和宜居的城市提供样板，也将会为数字城市治理提供新的解决思路和方案。

总体而言，电子政务、数字城市和智慧城市的发展各有侧重：电子政务强调数字技术在政府公共事务上的应用，而数字城市和智慧城市强调数字技术在城市规划、建设和管理等全流程上的应用。但是，因为它们关注的对象或领域、采用的技术手段等与数字城市治理联系非常密切，所以，数字城市治理与电子政务、数字城市和智慧城市的发展密切相关。某种程度上，我们可以说数字城市治理最早可以追溯至 20 世纪 80 年代就开始的电子政务，伴随着数字城市和智慧城市的发展而发展。在当下推进国家治理体系和治理能力现代化的时代背景下，数字城市治理已成为相对独立的学术研究领域和实践热点。

三、数字城市治理的理论基础

已有少量研究试图从理论层面上探讨数字城市治理。RAZAGHI 等（2018）基于社会技术系统理论，从技术和管理两个维度对智慧城市治理进行研究，提出要利用技术创新解决智慧城市建设带来的社会政治挑战。韩志明等（2019）认为智慧治理是与城市空间相匹配的治理形态，包含"行动者""技术要素"和"规则体系"三方面内容。智慧治理通过对社会事实进行数据编码、加工和运算等，实现治理主体、对象、过程和结果的清晰性。孙彤宇等（2020）在厘清智慧城市的内涵演化之后，指出智慧城市能够重塑政府功能定位，智慧治理能推动政府公共服务创新和引领政府决策变革。吴伟强等（2020）以杭州城市大脑为案例，基于多层次治理理论（multi-level governance）探讨了数字时代城市治理转型的实践模式。作者认为，模式的特征具体表现为数字治理的整体性、清晰的分层化结构、灵活而有弹性的组织体系。尽管该研究并不是直接从数字治理理论角度出发，但是作者认为数字治理理论变革了多层次治理模型，具体表现在对分散化治理结构的网络化重构和消解多层次治理结构的边界隔阂两方面。李文钊（2020）则提出一个新框架来理解城市治理的数字化转型。该框架基于同时面向公民和决策者的双层嵌套模型，能够实现对多层政府、不同政府部门和公民需求之间的有效整合，最终达到"双层界面，多重融合，一体化供需"的治理目标。根据对已有文献的综述，我们可以认为，作为城市领域的数字化治理，数字城市治理的理论背景根植于数字治理理论（digital governance theory），数字治理理论则源于对新公共管理理论的反思以及信息技术发展的基础之上。

（一）新公共管理理论

20 世纪 70 年代以来，为了解决政府管理过程中出现的财政危机和效率危机等困境，西方国家开展了一场旨在推进政府管理民营化、效率至上和顾客取向的改革运动。在这次改革运动中，以新公共管理理论运用最为广泛，因为其强调用企业化、市场化的管理方式对公共部门进行改革，能有效地应对当时所面临的困境。新公共管理理论是以经济学为基础，以政府和市场关系协调为核心，其理论渊源可以追溯至经济学中的公共选择理论、交易成本理论和委托代理理论（周晓丽，2005）。

新公共管理理论强调建立以顾客为导向的政府。政府不应该是一个远离群众、凌驾于社会之上的官僚机构。一个好的政府应该是企业家式的政府，政府官员应该成为负责任的企业管理人员，而公民则是向政府纳税而享受政府服务作为回报的顾客。政府需要以顾客为导向为公民提供服务，并努力提高政府服务的质量。

新公共管理理论倡导通过科学的方法对政府部门的绩效做出客观而准确的评估。评估内容主要包括成本效益、顾客满意度、投入产出比等方面。3E，即经济（economy）、效率（efficiency）、效益（effectiveness）是实践中绩效评估的主要标准，被奉为政府施政的主要价值目标。新公共管理理论主张政府管理的资源配置应当和管理人员的绩效相联系，强调按业绩而不是按传统的任务来支付酬金，应当建立根据效果而不是根据投入来拨款的预算制度（杨明伟，2005）。

新公共管理理论还主张引入市场机制，在公共和私人部门之间，以及公共部门之间展开竞争，以达到缩小政府规模、提高公共服务供给效率的目的。尽管政府是理所当然的公共服务提供者，但这不意味着所有的公共服务都应该由政府来供给。新公共管理理论认为应该让私人部门参与公共服务供给，建立政府与私人部门之间的合作伙伴关系。通过市场化机制缓解政府财政压力，弥补政府作为唯一公共产品供给者的不足，进而改善政府运行机制和提高政府工作效率。

（二）数字治理理论

然而，正如前文所述，新公共管理理论以经济学为基础，强调将企业管理的思路和方法用到公共部门，鼓励竞争和激励，缺乏公共管理的理论基础。这就会带来很大的隐患，因为公共部门和私人部门本质上是不同的：公共部门强调民主和公平等公共价值，而私人部门追求利润最大化。

将市场机制引入公共部门可能在短期上是有利的，但是长期看会有很大的负面作用（马文娟，2016）。周晓丽（2005）总结出新公共管理理论的五个主要问题：（1）通过企业管理取代公共部门管理会造成公共性的缺乏，进而公共管理就失去了合法性基础；（2）弱化了公平和民主等价值；（3）将原来由政府履行的责任交给社会可能引起政府公共责任的丧失和缩化；（4）将公民比作顾客是不恰当的，因为政府与公民的关系不同于生产者与消费者之间的关系；（5）把政府直接提供的服务外包给私人企业也有可能产生腐败问题。Dunleavy（2005）认为过去占主导地位的新公共管理理论极大增加了机构与政策的复杂性，它的退潮难以避免。

当新公共管理理论逐渐式微之时，信息技术却迎来蓬勃发展，并对公共管理产生深远影响。翁士洪（2019）认为，从政府功能来看，信息技术促进"以政府为中心"向"以民众为中心"转变，促进从"管制社会"到"服务社会"转变。政府部门开始使用信息技术升级服务，尤其体现在重塑政府对政府（government to government，G2G）、政府对雇员（government to employee，G2E）、政府对企业（government to business，G2B）和政府对公众（government to citizen，G2C）这四大关系上。从政府组织结构来看，信息技术使得各级政府拥有统一的网络服务平台，能够实现信息共享，减少组织的中间层级，增强了内部的沟通和协调，并对政府工作人员提出了更高的信息化专业技能要求。从政府运行方式来看，通过电子政务的建设，信息技术极大促进了政府运行效率的提升。在早期，电子政务从以政府内部的办公自动化和管理信息系统的建设为主要特征，逐步扩展到以网络技术推动政府部门之间的协调与信息共享，并面向社会提供统一的政府服务和建立一站式政府等。

数字治理理论就是在人们对新公共管理理论的反思和信息技术蓬勃发展的背景下产生的。该理论诞生于20世纪90年代，伦敦政治经济学院的Patrick Dunleavy是该理论的代表性学者。徐晓林等（2006）提出可以从狭义和广义两个角度理解数字治理。从狭义上看，数字治理指在政府与公民、政府与企业的互动以及政府内部的运行中，运用信息通信技术简化政府行政、提高民主化程度的治理模式。从广义上讲，数字治理不是信息技术在公共事务上的简单应用，而是一种与政治、社会权力的组织与利用方式相关联的社会—政治组织及其活动的形式，包括对经济、社会资源的综合治理，涉及影响政府、立法机关以及公共管理过程的诸多活动。

数字治理理论包含三大主题：再整合或重新整合（reintegration）、以需求为基础的整体主义（needs-based holism）和数字化变革（digitization changes），下面介绍每个主题的内涵及其包含的要素。

1. 再整合

再整合是针对新公共管理理论存在的过度碎片化问题而提出的，强调将从新公共管理理论主张分离出去的职能重新收回并整合。通过科学规划，减少资源的重复与浪费现象，减轻公民负担，增加公共服务获取的便利性。具体而言，再整合包含9个要素。

（1）减少代理机构化和碎片化（rollback of agencification and fragmentation）。将功能相近的政府机构进行整合，建立社区层面的合作结构。

（2）联合治理（joined-up governance）。通过中央政府主要部门的重组与合并，解决新公共管理运动带来的碎片化和低效化问题。联合治理能较好地回应传统单向治理下的权力膨胀问题，并发挥公民的监督作用。

（3）再政府化（re-governmentalization）。再政府化是指政府将以前外包给私人部门的事务重新交给公共部门管理。再政府化不是单纯的职能回归，而是政府能从整体上把握公共事务，借助信息技术制定公共政策，提供良好的公共服务和产品。

（4）恢复/重新加强中央政府流程（reinstating or re-strengthening central processes）。由于新公共管理引致过多、过于分散的竞争，一些国家开始重新加强中央政府流程，如英国政府就大力支持中央电子变革项目，并从 2005 年开始采取一系列举措在数字政府治理过程中减少重复信息的提供，避免政府网站过多。

（5）从根本上降低生产成本（radically squeezing production costs）。主要表现为裁减公务员人数，尤其是裁减高度运用信息技术的政府部门的公务员，主要目的是实现资源的合理利用，提高一线公务人员资源占有量。

（6）重新设计后台功能（re-engineering back-office functions）。一方面使用更新的信息技术提高生产率，另一方面通过将需求流水线化等方式重新设计后台功能。

（7）采购的集中与专业化（procurement concentration and specialization）。采购的分散和非专业化是新公共管理引致的问题之一。例如在新公共管理时代，英国采购功能被分散在不同部门和机构。如果采取将分散于 270 个部门和机构的采购功能集中在几个主要的采供中心等措施，将实现采购的集中与专业化，并有可能节约高达 200 亿英镑的开支（PETER，2004）。

（8）混合经济基础上的共享服务（shared services on a mixed-economy basis）。通过鼓励一些较小的部门和机构共享服务以达到减少机构冗余的目的。

（9）网络简化（network simplification）。通过整合，将职能重新纳入中央部门，削减多个机构的额外管理成本，充分利用公共部门机构的在线网络资源。

2. 以需求为基础的整体主义

以需求为基础的整体主义试图简化和调整政府机构与市民之间的关系，降低行政成本并减少不必要的程序，创造更为全面、流畅的政府管理流程。整体主义包含七个要素。

（1）交互式的信息搜寻和提供（interactive information-giving and seeking）。这是最基本的要素，通过呼叫中心、在线电子服务等互动机制促进公职人员以更整体的角度回应公民的需求和偏好。

（2）基于顾客或需求的组织重构（client-based or needs-based reorganization）。为单一顾客团体提供服务，围绕他们的需求进行机构重组。例如，英国政府在工作与养老金部之下设立养老金服务处，专门处理所有与老人相关的福利事务。

（3）一站式供给服务（one-stop provision）。这是地方政府门户网站和地区行政服务中心广泛采用的一种新型办公服务模式。一站式服务包括一站式商店提供的行政服务、一站式窗口和互联网整合的服务等多种形式。一站式服务要求政府重新使用过去收集好的信息，而不是重复收集相同类型信息，避免资源浪费。

（4）数据仓库（data warehousing）。数据仓库在计算机的软硬件领域、互联网和政府局域网之间提供了许多有效的计算资源，可以提供精确的数据分析，为政府各项决策提供数据和技术支持。将大量福利、税收等信息收入数据库，可以极大提高此类信息获取和使用的便利性。

（5）重新设计结果到结果的服务流程（end-to-end service re-engineering）。这一举措的实施促使政府部门以整体视角处理事务，如加拿大借助信息技术系统中存储的信息，使得申请补助金过程中需要填写的申请表大幅度减少。

（6）灵活的政府流程（agile government processes）。旨在提高政府决策过程的响应速度和灵活性。

（7）可持续性（sustainability）。确保在公共部门发展的同时，不会对环境造成负面影响。这本质上也符合以需求为基础的整体主义，因为环境保护与可持续发展是市民和环保组织最为关切的问题之一。

3. 数字化变革

数字化变革不是对传统公共行政的简单补充，而是一种全新的、完全的变革，其影响主要通过政府的组织机构和内部文化的变化来体现，同时也促进了公民对政府应用信息技术态度的转变。数字化变革包含以下 8 个要素。

（1）电子服务提供和电子政府（electronic service delivery and e-government）。电子服务提供功能使得政府将大多数纸质管理流程转换为电子化流程。在全球化、信息化的背景下，电子政务的发展取得了长足进步，而电子服务则具有操作简单、实用性强、管理方便等特点。

（2）基于网页端的效用计算（web-based utility computing）。小型政府机构可以从具有多个供应者的市场中按需购买计算或信息技术服务，或者可以从主要供给商提供的服务菜单中选择自己所需的服务。

（3）新的自动化处理形式（new forms of automated processes）。尤其强调使用零接触技术（zero touch technology），将行政事务中的大部分任务交给计算机单独完成，而不需要进行人工干预。

（4）激进的去中介化（radical disintermediation）。这意味着政府和企业、政府和公众之间交流的一种新趋势：政府依托于互联网平台与公众、企业直接沟通，不必再通过此前普遍存在的"守门人"式的公务员和机构工作人员来实现。

（5）积极的渠道分流和顾客细分（active channel streaming and customer segmentation）。利用数字服务促使数字治理客体转向数字治理领域，并构建高度不同的、提问式的电子系统来实现顾客细分。

（6）减少受控渠道（mandated channel reductions）。要求企业或个人通过电子支付等方式与政府机构进行交易，尤其是针对税收等关键服务领域。

（7）促进等度管理（facilitating isocratic administration）。强调在市民 / 企业与政府交流的过程中，逐渐以市民、企业为中心而非以政府机构为中心。

（8）走向开放的政府（moving towards open-book government）。在数字时代，政府从封闭的状态逐渐走向开放，公民可以更容易地进行自我管理，构建政府、企业、市民之间互联共通的体系。

DUNLEAVY 等（2010）将数字治理理论发展历程按时间划分成2002—2010 年以及 2010 年以后两个阶段。在第二阶段，随着大数据和云计算等新一代信息通信技术的发展，数字治理理论也出现了许多新变化。例如，从再整合角度看，最大的趋势是政府越来越多地采用智能中心和去中心化交付（intelligent center and decentralized delivery）的设计，这一理念主要从部分私营企业引入，如沃尔玛（Walmart）等。从整体主义看，社会保障系统面临新一轮整合，趋于转为在线形式；公民单一账户的出现则有效提升了在线访问率以及政府与公民互动的效率。从数字化角度看，开始构建政府超级网站，并注意精简政府网站的总数量；政府也开始建设政务云，免费存储及全面保留数据，并开发各类政府 App 促进互联互动等（王少泉，2019）。

需要注意的是，尽管数字治理理论已逐渐扩展到城市治理领域，智慧城市的价值诉求、实践路径和数字治理理论有着相似的地方，但是很少有学者系统地从数字治理理论的角度探讨智慧城市（韩兆柱等，2016）。如何从数字治理理论出发对城市治理进行系统解读仍将是当下信息技术迅速迭代的时代大背景下的重要课题。

四、全书结构

本书尝试从科技赋能治理和数据驱动治理两个角度来理解数字城市治理（见图 1-2）。一方面，以物联网、云计算、大数据、人工智能等为代表的新一代信息通信技术加速应用到城市治理领域，融入城市规划、建设、管理、运营等全环节，服务政府、企业、社会组织、市民等多主体。信息技术的运用能全方位获取城市数据，更全面地感知城市状态，提供更好的政企、政民沟通渠道，创新城市治理的运行机制，促进城市治理水平的提升。另一方面，数据被认为是一种类似"新石油"的宝藏。城市运行无时无刻不在产生数据，尤其是物联网设备的普及极大丰富了城市数据的收集手段，大数据中心的建设也使得实时接收并存储海量城市数据成为可能。如此丰富的城市数据有助于我们科学理解城市治理过程中涉及的政府、企业、社会组织、市民等治理主体的行为特征和建筑、道路、绿化等治理客体的状态特征，为提升城市治理水平创造条件。这些实时收集的海量数据也使得人类行为变得可预测，进而提供有针对性的政策措施和精准、高效、便捷的服务。不同于传统城市治理过程，数据驱动的城市治理实践更强调提升对数据的收集、处理、分析和辅助决策功能。

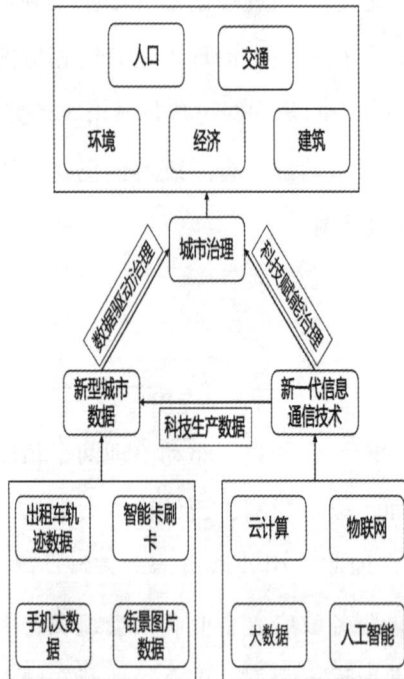

图 1-2　数字城市治理的组织框架

　　本书第二章介绍新一代信息通信技术及其对城市治理的赋能潜力，具体涉及物联网、大数据、云计算、移动互联网、人工智能和区块链技术。第三章介绍新型城市数据及其在城市治理领域的潜在应用，主要涉及智能卡刷卡数据、手机数据、兴趣点数据、社交媒体数据和轨迹数据。

　　第四章以城市大脑和健康码为例，具体讲述科技如何赋能城市治理。与之相对应，第五章以交通大数据（地铁刷卡和用户骑行大数据）、手机信令大数据为例，示意如何利用数据驱动城市治理研究。

最后一章，我们对全书进行总结，探讨数字城市治理过程中可能会遇到的挑战，并展望未来的数字城市治理。

参考文献

DUNLEAVY P, MARGETTS H, 2010. The second wave of digital era governance//APSA 2010 Annual Meeting Paper[2021-04-06]. https://papers.ssrn.com/abstract=1643850.

DUNLEAVY P, 2005. New public management is dead—long live digital-era governance. Journal of Public Administration Research and Theory, 16(3): 467-494[2021-04-06].https://academic.oup.com/jpart/article-lookup/doi/10.1093/jopart/mui057. DOI:10.1093/jopart/mui057.

MEIJER A, BOLÍVAR M P R, 2016. Governing the smart city: a review of the literature on smart urban governance. International Review of Administrative Sciences, 82(2): 392-408[2021-04-10]. http://journals.sagepub.com/doi/10.1177/0020852314564308. DOI:10.1177/0020852314564308.

NIEVA R, 2019. Google Maps has now photographed 10 million miles in Street View[2021-03-01]. https://www.cnet.com/news/google-maps-has-now-photographed-10-million-miles-in-street-view/.

NORTHAM R M, 1979. Urban Geography. New York: John Wiley & Sons, Ltd.

PETER G, 2004. Releasing Resources to the Front Line: Independent Review of Public Sector Efficiency. London: HM Treasury[2021-04-10]. https://scholar.google.com/scholar?hl=zh-CN&as_sdt=0%2C5&q=Releasing+Resources+to+the+Front-Line%3A+Independent+Review+of+Public+Sector+Efficiency.&btnG=.

RAZAGHI M, FINGER M, 2018. Smart governance for smart cities. Proceedings of the IEEE, 106(4): 680-689.

陈平, 2006. 网格化城市管理新模式. 北京: 北京大学出版社.

高奇琦, 阙天南, 2020. 区块链在城市治理中的空间与前景. 电子政务, (1): 84-91.

韩兆柱, 马文娟, 2016. 数字治理理论及其应用的探索. 公共管理评论, (1): 92-109.

韩志明, 李春生, 2019. 城市治理的清晰性及其技术逻辑——以智慧治理为中心的分析. 探索, (6): 44-54.

黄群慧, 张其仔, 2016. 厦门城市治理体系和治理能力现代化研究. 北京: 社会科学文献出版社.

焦永利, 史晨, 2020. 从数字化城市管理到智慧化城市治理: 城市治理范式变革的中国路径研究. 福建论坛(人文社会科学版), (11): 37-48.

金江军, 郭英楼, 2016. 智慧城市: 大数据、互联网时代的城市治理. 北京: 电子工业出版社.

李春华, 许翃章, 2017. 智慧城市概论. 北京: 社会科学文献出版社.

李文钊, 2020. 双层嵌套治理界面建构: 城市治理数字化转型的方向与路径. 电子政务, (7): 32-42.

马文娟，2016. 数字治理理论及其应用研究. 秦皇岛：燕山大学学位论文.

史林娟，张展赫，张基温，2019. 电子政务. 北京：人民邮电出版社.

孙彤宇，史文彬，2020. 智慧城市治理国际学术前沿动态研究. 住宅科技，(11): 1-8.

王少泉，2019. 数字时代治理理论：背景、内容与简评. 国外社会科学，(2): 96-104.

王云辉，闫冰，2010. 危险的物联网. 财经国家周刊，2010-06-17[2021-03-01]. https://www.reuters.com/article/idCNCHINA-2486220100617.

翁士洪，2019. 数字时代治理理论——西方政府治理的新回应及其启示. 经济社会体制比较，(4): 138-147.

吴凯，李治国，2020. 上海：一网通办 一网统管. 经济日报，2020-05-17[2021-04-11]. http://news.jschina.com.cn/scroll/guonei/202005/t20200517_2552858.shtml.

吴伟强，周静娴，谢娜娜，2020. 城市治理转型：数字时代的多层次治理. 浙江工业大学学报（社会科学版），(1): 54-60.

吴志强，李德华，2010. 城市规划原理. 北京：中国建筑工业出版社.

徐晓林，刘勇，2006. 数字治理对城市政府善治的影响研究. 公共管理学报，3(1): 13-20.

杨宏山，2017. 转型中的城市治理. 北京：中国人民大学出版社.

杨明伟，2005. 新公共管理理论述评. 四川行政学院学报，(2): 21-24.

杨秀勇，张婷婷，2020. 国内城市治理研究的知识图谱、研究热点与研究展望：基于关键词共现聚类的透视 . 现代城市研究，7：123-130.

叶超，于洁，张清源，等，2021. 从治理到城乡治理：国际前沿、发展态势与中国路径 . 地理科学进展，40(1)：15-27.

赵勇，2020. "两张网"建设，为什么是倒逼政务服务和城市治理流程革命性再造的重要改革？. 上观观察，2020-09-02[2021-04-11]. http://www.sdx.sh.cn/html/xw/mtgz/140280.html.

中国电子技术标准化研究院，2013. 中国智慧城市标准化白皮书[2021-04-10]. http://www.cac.gov.cn/2014-09/28/c_1112661626.htm.

周晓丽，2005. 新公共管理：反思、批判与超越——兼评新公共服务理论 . 公共管理学报，2(1)：43-48.

| 第二章 |

新一代信息通信技术
与数字城市治理

DIGITAL URBAN GOVERNANCE

早在 20 世纪 80 年代，学术界就开始使用信息通信技术（information and communications technology）一词，自 1997 年以来，英国及全球许多国家也逐渐开始广泛使用这一术语。信息通信技术是信息技术（information technology）和通信技术（communications technology）相融合而形成的一个新技术领域。传统上，信息技术侧重于对信息的管理、处理和呈现，例如利用计算机开发各类服务与应用程序；通信技术则着重于信息传播的技术实现以及相关设备与应用软件的开发运用，如传输接入、网络交换、移动通信等技术以及收音机、电视、卫星系统等设备。随着技术的更新与迭代，这两种技术慢慢变得密不可分，进而融合成为一个新的领域。目前，以云计算、大数据、物联网、人工智能等为代表的新一代信息通信技术发展迅速，是构建国家信息基础设施，提供网络和信息服务，全面支撑经济社会发展的战略性、基础性和先导性产业，也为城市治理提供了强有力的支持。

本章将介绍新一代信息通信技术中的一些代表性技术及其在数字城市

治理领域的应用。具体而言，介绍的代表性技术包括物联网、大数据、云计算、移动互联网、人工智能和区块链技术。

一、物联网与数字城市治理

（一）何谓物联网

物联网（Internet of things）是不同传感设备之间按约定的协议进行信息交换和通信，以实现物品的智能化识别、定位、跟踪、监控和管理的一种网络。某种程度上，我们可以说物联网就是"万物相连的互联网"，它能将各种传感设备与互联网结合起来而形成一个巨大的网络。物联网将人与人之间的通信连接扩展到人与物、物与物之间的通信，从而实现在任何时间、任何地点，人、机和物的互联互通。

物联网具有三个基本特征。第一个特征是整体感知，即物联网可以利用射频识别（radio frequency identification，RFID）、二维码（quick response code）、红外感应器（infrared sensor）、全球定位系统（global positioning system）和激光扫描器（laser scanner）等感知设备获取物体的各类信息。第二个特征是可靠传输，即物联网可以将物体的信息实时、准确地传送，以便信息交流和分享。第三个特征是智能处理，即物联网使用各种智能技术，对数据进行分析和处理，从而实现监测和控制的智能化（甘志祥，2010）。

传感器、射频识别和二维码是使用极为广泛的一些物联网传感设备。传感器是一种检测装置，能感受到被测量的信息，并能将检测到的信息按一定规律变换成电信号或其他所需形式的信息输出，以满足信息的传输、处理、存储、显示和控制等一系列要求。例如，农业传感器可以用于监测土壤、水和植物的温度。传感器可以分为物理传感器和化学传感器两大类。物理传感器主要基于诸如压电效应、磁致伸缩效应，以及极化、热电、光电、磁电等物理效应感知外部世界。化学传感器则主要包括以化学吸附、电化学反应等现象为因果关系的传感器。

射频识别可以通过无线电信号识别特定目标并读写相关数据，而无须识别系统与特定目标之间建立机械或光学的接触，是自动识别技术的一种代表性技术。射频识别并不需要连接双方的物理接触，所以能够无视塑料、纸张、木材以及各种障碍物建立连接和通信。它的信息处理速度很快，传输过程通常不到 100 毫秒。高频段的射频识别阅读器（RFID reader）可以识别和读取多个标签的内容，从而极大地提高信息传输效率。它还具有较强的环境适应能力，抗干扰能力强，可以在不同气候条件下使用，不受污染、潮湿和机械磨损的影响。此外，射频识别还具有标签结构和读取设备简单的特点，极大增加了易用性和普及率（陆锌渤，2018）。

二维码，也称为二维条码，是采用特定几何图形按一定规律分布在二维平面的、黑白相间的、记录数据符号信息的图形。相对于一维条码，二维码能承载更多数字信息，且能记载网络链接等更为复杂的内容。因为具有信息丰富、成本低廉、容错能力强、编码范围广等特点，二维码在商业活动中具有十分广泛的应用。例如，通过阿里巴巴的支付宝，用户可以方便地通过二维码进行银行转账和送红包等交易。

（二）物联网在城市治理中的应用

物联网在城市治理场景具有广泛的应用。为了提升社区层面的智慧治理水平，浙江省杭州市江干区采荷街道①的观音塘片区政府联合物联网科技公司打造了具有人员、车辆和物业管理、智慧消防、安防等多功能的一体化智慧社区平台"观音塘智慧中脑指挥中心"。因为杭州有城市大脑这一城市尺度的城市治理平台，所以在观音塘这一片区尺度下，这个指挥中心被称为智慧中脑。智慧中脑采用了很多物联网技术来满足社区居民、管理者和物业三方的需求。例如，在2019年底，观音塘片区新安装52个摄像头。在智慧中脑的智慧监控系统就可以实时查看这些摄像头拍摄的监控画面。当观察到有人在禁停区域内停车时，指挥中心大屏幕上会马上出现警报信息，物业就能迅速安排巡逻队员到现场进行处理。观音塘下辖的静怡、江汀和常青苑三个小区的车库都安装有独立的烟感报警器。如果遇到火情，指挥中心的监控大屏幕也会显示出报警信息，工作人员可以迅速就近安排人员去现场处理。另外，这些小区也都安装了人脸检测识别装置，使得居民能刷脸进出小区（林建安，2020）。因为其在社区治理上的卓越表现，在2020年10月举办的第五届中国（杭州）智慧城市暨人工智能产业峰会上，观音塘智慧中脑成功入选2020年城市社区智慧治理"十佳案例"榜单。

二、大数据与数字城市治理

（一）何谓大数据

　　大数据可以理解为传统数据处理软件难以在一定时间内有效处理的大量且复杂的数据集。例如，拥有日活跃用户10.9亿的微信所产生的海量

---

① 2021年江干区撤销后采荷街道隶属于上城区。

用户行为数据显然是无法用 Excel 等常规软件进行处理的。早在 2001 年左右，世界知名的信息技术研究和分析公司 Gartner 就提出了大数据的定义。2005 年前后，人们逐渐意识到在用户使用 Facebook、YouTube 等在线服务的同时也会生成海量数据，这些数据为认识用户行为提供了新的机遇。随后，相继出现的专为存储和分析大型数据集而开发的 Hadoop、Spark、NoSQL 等工具极大地降低了数据存储和分析的成本，让大数据更易于存储、分析和使用，大数据的数据量进一步呈现爆炸式的增长。虽然大数据的概念是 20 世纪初才出现的，其实早在 20 世纪 60 年代就已经出现了大数据集，当时出现了全球第一批数据中心和首个关系型数据库（甲骨文中国，2021）。

DEMCHENKO 等（2013）提出大数据具有 5V 特征。

（1）大量（volume）。大数据的首要特征是数据量的"大"，即采集、存储和分析的数据量都非常大。实际应用中，真正大数据的起始计量单位往往是 TB 或 PB 级别[①]；在社会科学领域的研究中，数据量则会略低一些。需要注意的是，现实生活中对大数据一词的误用非常常见，例如很多新闻报道为了追求热点会将一些仅仅是比传统数据略大一些的数据集称为大数据，如有关数万名大学新生的院系、性别信息的统计描述数据等。

（2）高速（velocity）。数据的收集、传输、处理的速度快，时效性要求高。在某些互联网应用中，例如通过百度、谷歌搜索引擎查询信息，需要做到实时或近乎实时的计算才能给用户反馈及时、准确的信息。

（3）多样（variety）。主要指数据的类型多样，不仅包括传统可以纳入

---

① TB和PB是计算机存储单位。1PB等于1024TB，1TB等于1024GB。

关系数据库中的结构化数据，还包括大量非结构化数据，例如文本、图片、音频、视频等。

（4）价值（value）。大量数据固然蕴含着价值，但是其价值密度相对于巨大的数据量而言是偏低的，所以需要通过合适的数据挖掘方法从大数据中提取出有价值的信息。

（5）真实（veracity）。大数据与真实世界息息相关，所以需要保证数据的准确性和可信赖度，只有真实、可靠的大数据才有意义。

大数据包含结构化、半结构化和非结构化数据。结构化数据（structured data）可以使用关系型数据库表示和存储，表现为二维形式的数据，例如乘客的刷卡数据具有固定的乘客交通卡卡号、刷卡站点、刷卡时间等信息。所以，结构化数据的存储和排列很有规律，便于进行查询和修改、分析等数据操作。结构化数据是最为常见的数据类型，随着数据收集手段发展和开放数据运动的兴起，越来越多非结构化、半结构化数据呈现在人们面前。非结构化数据（unstructured data）是指数据结构不规则或不完整，难以用预先定义的数据模型表现，也不方便用关系数据库来存储的数据。常见的非结构化数据包括文档、图片、图像、音频、视频等。半结构化数据（semi-structured data）可以算是结构化数据的一种，虽然它不适合用关系型数据库来存储，但是包含相关的标记，用来分隔语义元素和获取信息。常见的半结构数据语言有 XML（Extensible Markup Language）和 JSON（JavaScript Object Notation）。XML 可以用于标记电子文件，使其具有结构性的标记语言，是一种允许用户对自己的标记语言进行定义的源语言；JSON 则是一种轻量级的数据交换格式，具有良好的可读性和便于快速编写的特性。

（二）城市大数据平台

城市大数据是与城市物理空间和社会空间紧密相关的数据，通常与城市职能部门相对应。数字城市治理离不开城市大数据的支撑，其主要形式是构建全市域范围内统一的城市大数据平台（"城市即平台"）。城市大数据平台是对城市大数据进行集中存储和处理的中枢，并进一步提供城市数据应用服务。建设城市大数据平台可以强化跨部门与行业的统筹力度，提升资源整合与利用水平，有助于加快城市信息资源的有序汇聚、深度共享、关联分析和高效利用，为不同城市治理主体提供跨越层级、地域、部门和业务的协同服务（中国信息通信研究院，2019）。

中国信息通信研究院对全国 36 个主要城市的政务平台或城市大数据平台（如上海市数据共享交换平台、杭州城市大脑等）的建设情况进行统计。结果显示，截至 2019 年 5 月，大多数城市还处于以政府数据共享、交换为主要功能的政务平台建设阶段，仅有北京、上海、杭州、贵阳等少数城市重点体现了城市管理和服务特征，初步建成了城市级的大数据平台（中国信息通信研究院，2019）。尽管我国主要城市的大数据平台仍处于尚未成熟的阶段，其发展却十分迅速。以合肥市大数据平台为例，从 2017 年 8 月揭牌以来，平台已接入合肥全市近 200 个业务系统，汇集数据 8840 类 231 亿条，编制上线了 6198 类数据资源共享目录、电子证照 189 类 3135 万套，并实现了长三角 41 个城市共计 65 个事项的异地通办功能（吴兰，2021）。

此外，为了促进大数据资源的整合和利用，不少城市成立了专门的大数据管理机构。杭州市数据资源管理局是杭州市人民政府于 2017 年 1 月成立的统筹数据资源管理的市政府工作部门，旨在推动政府的数字化转型，构建数字化引领、大数据支撑的城市治理现代化体系，促进杭州市大数据产业发展，指导数据安全保障体系建设，组织实施政务数据和公共数据的安全保障工作，以及推进大数据人才队伍的建设。上海市大数据中心于2018年4月正式成立，是上海市政府办公厅所属的全额拨款事业单位，承担政务数据、行业数据、社会数据等各方数据归集和应用融合的工作，负责建设和运营"一网通办"总门户、"随申办"超级应用，以及建设和管理上海市电子政务云、政务外网、灾备中心等新型基础设施。为了促进上海市大数据领域高层次人才培养，2021年1月，上海市大数据中心设立博士后科研工作站，这是全国第一个省级大数据管理机构获批设立的博士后科研工作站。大数据中心将与复旦大学、上海交通大学、华东师范大学等高校紧密合作，联合招收培养博士后人才，促进形成高水平研究和应用成果，以数字维度全方位赋能城市治理的更新和迭代。

三、云计算与数字城市治理

（一）何谓云计算

亚马逊、微软和阿里巴巴是全球排名前三位的云计算（cloud computing）服务提供商。Gartner发布的全球云计算市场追踪数据显示，亚马逊AWS（Amazon web services）市场占有率达47.9%，微软Azure占有率达15.6%，阿里巴巴的阿里云占有率达7.7%，三者合计71.2%，远超其他厂商（承天蒙，2020）。亚马逊认为云计算通过互联网按需提供计算资源，并且采用按使用量付费的定价方式。微软认为云计算就是计算服务的提供，包括服务器、存储、数据库、网络、软件、分析和智能服务等，通过互联网（即"云"）提供快速创新、弹性资源，并实现规模的经济性。对于云服务，通常我们只需使用多少支付多少，从而帮助降低运营成本，使基础设施更有效地运行，并能根据业务需求的变化调整对服务的使用。如果将云计算行业比作电力行业，那么与"发电—输电—用电"的过程类似：软硬件集中部署在云计算中心或平台（即"发电站"），用户使用云计算资源（即"用电"的过程），而互联网则是"输电线"。就像我们不需要每家每户配备发电机而直接买电一样，对于许多软硬件设备，用户也不需要购买这些硬件设备和软件而是选择直接使用云计算资源（金江军等，2016）。

　　按服务内容的不同，云计算可以分为基础设施即服务（infrastructure as a service，IaaS）、平台即服务（platform as a service，PaaS）、软件即服务（software as a service，SaaS）三个主要类型。基础设施即服务通常提供对网络功能、计算机和数据存储设备的访问。用户无须自己购买硬件设备，而是通过付费来使用云计算服务提供商的硬件设备。例如，我们可以直接使用百度网盘或阿里云盘，而不需要自己购买硬盘。平台即服务可以让用户无须管理底层基础设施，将更多精力放在应用程序的部署和管理上面。云计算服务提供商为用户提供应用软件开发、测试、运行等环境，用户可以在云平台上开放、测试和运行自己的软件。软件即服务提供了一种完善的产品，其运行和管理皆由服务提供商负责。多数情况下，软件即服务指的是最终的用户应用程序，例如基于网页端的网易电子邮件服务，用户无须自行购买软件，而只需要以服务费的形式支付软件的使用费，然后以在线的方式使用软件。

　　按照使用方式的不同，云计算可以分为公有云（public cloud）、私有云

（private cloud）和混合云（hybrid cloud）。公有云是指多个用户共用一个云服务提供商的 IT 资源，是最为常见的云计算部署类型。在公有云中，所有软硬件均为云提供商所拥有和管理，例如微软的 Azure 或阿里巴巴的阿里云。每个用户根据自己占用、消耗 IT 资源的多少，向云服务提供商支付费用。私有云是指企业或组织建设一个云计算中心或云服务平台供自己使用，不对外开放。私有云可以位于企业或组织的现场数据中心，也可以由第三方云服务提供商托管。但是，在私有云中，服务和基础结构始终在私有网络上进行维护，软硬件专供企业或组织使用。私有云的使用对象通常为政府机构、大型企业集团、金融机构或其他希望拥有更大控制权的大中型企业或组织。混合云是公有云和私有云的混合体，它的一部分资源公用，对外开放，另一部分资源则私用，不对外开放。混合云适用于 IT 资源富余的企业或组织，在满足自身应用的同时，提供多余资源给其他企业或组织。

微软中国（2021）指出云计算具有七大主要优势。

（1）费用低廉。云计算可以让用户不用购买软硬件，以及在设置和运行现场数据中心上投入资金，用户成本只相当于传统 IT 成本的一小部分。

（2）速度及时。云计算服务一般按需服务（pay as you go）提供，因此通常只需点击几下鼠标，即可在数分钟内调配海量计算资源，赋予企业非常大的灵活性，并消除容量规划的压力。

（3）全局缩放。云计算服务可以提供弹性的扩展能力，用户根据需要获得适量的 IT 资源，例如更多或更少的计算能力、存储空间和带宽等。

（4）工作效率。现场数据中心通常需要大量硬件设置、软件补丁和其他费时的 IT 管理事务。云计算可以避免大部分的类似任务，让用户能够专注于实现更重要的业务目标。

（5）高性能。云计算服务可以在安全数据中心的全球网络上运行，网络会定期升级到最新的快速、高效的计算硬件。与单个企业数据中心相比，它能带来降低应用程序的网络延迟和提高缩放的经济性等诸多益处。

（6）可靠性。由于可以在云提供商网络中的多个冗余站点上对数据进行镜像处理，云计算能够以较低费用简化数据备份、灾难恢复，并实现业务的连续性。

（7）安全性。云计算可以提供用于提高整体安全情况的策略、技术和控件，这些有助于保护数据、应用和基础结构免受潜在威胁。

（三）云计算在城市治理中的应用

云计算技术正好与我国当前一些城市电子政务和数字治理的集中化趋势相契合。例如，建设基于云计算的城市数据中心或超算中心，推进市政府各部门的机房大集中，实现统一运行和维护。建设基于云计算技术的市政府网站群，形成以城市政府门户网站为主网站、部门网站为子网站的政府网站群。建设基于云计算技术的城市综合信息服务平台，推进业务应用信息系统互联互通，促进信息共享和业务协同。2009年12月启动的成都云计算中心是国内首家以企业投资、运营和管理，政府购买服务形式建成的城市云计算中心，开创了国内云计算中心建设、管理模式变革的先河：政府从出钱建"中心"转变为出钱买"服务"；企业由设备厂商变成了云服务提供商。成都云计算中心已接入成都市及下辖区县两级政府上百个部门的300余项应用系统，其中就包括"天府市民云"这一典型的云服务应用。"天府市民云"是以市民需求为核心驱动、汇聚了成都市各部门的跨平台一站式的城市服务平台，也是政府积极回应民生需求的窗口。上线一年多，

"天府市民云"的注册用户就突破 300 万人，涵盖婴幼、教育、民生、交通和养老等 180 多项全生命周期的线上服务。用户利用一个经过实名认证的账号，就能享受实现"查、约、办、缴"等全方位的市民服务（虞涵棋，2020）。

四、移动互联网与数字城市治理

（一）何谓移动互联网

移动互联网是互联网的技术、平台、商业模式等与移动通信技术相结合的产物。随着移动通信技术从 3G、4G 到 5G 的发展以及智能手机、平板电脑等移动终端的普及，我们迎来了移动互联网时代。现在，用户可以很方便地在任何时间、任何地点接入互联网，获取丰富的互联网资源与服务。中国互联网协会组织编撰的《中国互联网发展报告 2020》显示，截至 2019 年底，我国移动互联网用户规模达 13.19 亿，占全球总规模的 32.17%；4G 基站总规模达到 544 万个，占全球总量一半以上，中国移动互联网发展走在世界前列（汤琪，2020）。

智能手机是最主要的移动终端设备。智能手机具有独立的移动操作系统，用户可以自行安装网页浏览器、游戏、社交等应用程序。所以，智能手机不仅具有拨打电话的基本功能，更能方便地实现浏览网页、收听音乐、播放视频、导航和社会交往等丰富多样的功能。《中国移动互联网发展报告 2020》显示，截至 2020 年 3 月，中国手机网民规模达 8.97 亿，2019 年我国手机出货量累计 3.89 亿部，5G 手机出货量累计 1376.9 万部（唐维红，

2020）。此外，平板电脑、智能手表和车载设备等移动终端也呈现高速发展的态势。例如，报告显示，2019年国内可穿戴设备出货量为9924万台，同比增长37.1%。

在此，我们解释一个与数字城市治理息息相关的移动互联网习惯称谓，即"两微一端一抖"，也就是微博、微信、移动客户端和抖音。称谓很好地概括出当下最流行的一些手机应用以及移动化的发展趋势。这些移动媒介对数字城市治理能力的提升有很大的帮助。需要注意的是，在不同的场景下，也会有诸如"两微一端"、"两微一端一抖一号"① 等不同说法。

（1）微博。微博是一种基于用户关系的信息分享、传播和获取的社交媒体，能实现信息的即时分享和传播互动等多种功能。新浪在2009年8月就推出了"新浪微博"，使其成为中国门户网站中第一个提供微博服务的网站。

（2）微信。微信是腾讯公司于2011年1月推出的为智能终端提供即时通信服务的应用程序。微信具有支持发送视频、图片、文本和语音消息，组建高达500人的群聊和高达9人的实时视频聊天，以及分享个人生活点滴的朋友圈等诸多功能。

（3）移动客户端。移动客户端是主要安装在智能移动终端上的应用软件（App）。移动互联网的普及催生出众多移动客户端，微博、微信以及抖音也都是单独的移动客户端。《中国移动互联网发展报告2020》显示，截至2019年，我国国内市场应用软件数量为367万款，规模排在前4位的移动应用种类分别是游戏、日常工具、电子商务和生活服务类，四类应用软件

---

① "一号"一般指今日头条推出的头条号、百度推出的百家号等应用。

数量占比达 57.9%。

（4）抖音。2016 年 9 月，字节跳动推出一款音乐创意短视频社交软件——抖音。用户可以通过抖音选择歌曲，拍摄音乐短视频，抖音会根据用户的爱好，智能化更新用户喜爱的视频。目前，抖音及其海外版（TikTok）已经成为全球最受欢迎的短视频平台，长期位居国内外手机应用下载排行榜前列。

（二）移动互联网在城市治理中的应用

我们来看一个与数字城市治理有关的典型移动互联网应用——上海发布。上海发布是上海市人民政府新闻办公室在微博、微信、今日头条、抖音等平台开设的政务媒体账号，它是国内第一个由城市人民政府开设的政务微博账号。早在 2011 年 11 月，上海就率先开设了上海发布的新浪微博账号，2013 年 6 月开设微信公众号。上海发布也是全国影响力最大的城市政务账号。截至 2019 年 11 月，上海发布抖音号累计播放量超过 3 亿次，获得点赞超过 1000 万，粉丝总数超过 88 万。其中单条短视频最高播放量超过 3000 万，点赞 231 万，网友评论 6 万条，转发分享 18 万次。在第二届中国国际进口博览会召开期间，抖音号发布专题短视频 41 条，合计播放量超过 2400 万次（陆天逸，2019）。2020 年 10 月，上海发布微信公众号的关注人数就突破了 800 万，2020 年以来微信阅读量"100 万＋"的文章已经有 130 余篇，单篇最高阅读量近 1900 万次（澎湃新闻，2020）。

上海发布的内容以综合类信息为主，涉及上海的政策、天气、交通、教育、文化和卫生等多个方面，主要受众为上海市民，为市民日常生活提供便捷的信息服务。例如，上海发布的微信公众号上开设有"市政大厅"，市民可以在此使用公交实时到站、交通违法、路况查询、入学信息查询、垃圾分类查询、公积金查询、社保卡申领、医院报告查询和重名查询等多项便捷民生服务。在上海市大数据中心的指导下，上海发布还接入了"随申办"微信小程序，全面拓展了市民在线政务服务渠道。

上海发布具有以下几个鲜明特色。

（1）跨媒体平台运营，内容形式多样。充分利用在移动互联网时代市民常用的新媒体平台创建、运营账号，从微博短文、公众号长文到抖音短视频等，使得具有不同使用偏好的市民都能找到合适的接收途径。在发布信息时，上海发布强调对图文、视频等的综合运用，也很注意页面布局和排版等细节，增加内容可读性和整体的视觉舒适度。

（2）兼具权威性和亲民性。上海发布一定程度上代表了其背后实体（上海市人民政府新闻办公室）的虚拟形象，需要和党政机关的风格保持一致，保证重大政策、政府信息的准确性和权威性。与此同时，上海发布经常以轻松有趣的方式介入普通市民的生活，打通施政、参政、议政渠道，成为百姓依赖和信赖的平台。上海发布利用征集意见、征集名字以及在线调查等方式让用户自己生产内容，从而促成政府机构与市民的良性互动。例如，上海发布吉祥物发布之时就向广大网友征集名字，进行公示，并通过投票的形式选择。最终，吉祥物选定为一只长着包子脸的小兔子，取名"兔小布"，形象可爱、平易近人，名字与上海著名商品大白兔奶糖有关，设计风格还借鉴上海著名小吃小笼包，深受市民喜爱。

（3）兼具传播与服务功能。除了政务信息的传播，上海发布还是政务和市民之间的桥梁。以上海发布的微信公众号为例，它将政府的办事窗口"搬"到手机等手持终端上，设置"市政大厅"和"随申办"两个一级入口，提供多样化、个性化的在线城市服务，用户可以利用移动端处理各种公共事务，足不出户就能处理好一些简单的民生事务（刘雯，2017；李泉，2019）。

五、人工智能与数字城市治理

（一）何谓人工智能

人工智能（artificial intelligence）是研究用于模拟、延伸和扩展人类智能的理论、方法、技术及其应用的科学。人工智能具有解释外部数据，从这些数据中学习，并利用学习到的知识实现特定目标和任务的能力。人工智能的核心问题在于建构跟人类相似或更好的推理、规划、学习、感知和使用工具等能力，促使智能机器会听（如语音识别）、会看（如图像识别）、会说（如人机对话）、会思考（如人机对弈）和会行动（如自动驾驶汽车）。人工智能的研究领域主要包括深度学习、智能机器人、图像识别、计算机视觉、自然语言处理和专家系统等。

1956 年，在达特茅斯学院举行的"夏季人工智能科研项目"会议上正式确立了人工智能这一研究领域。此后数十年间，人工智能的研究出现了若干次低潮，研究人员大大低估了人工智能实现的难度，政府和企业在投入巨额资金而不见回报之时，又撤回研发资金。几经起落，人工智能在困难中取得一些进展。20 世纪 90 年代，由于网络技术特别是互联网技术的发展，加速了人工智能的创新研究，促使人工智能技术进一步走向实用化。1997 年 5 月，IBM 公司开发的计算机程序"深蓝"击败国际象棋世界冠军卡斯帕罗夫（Kasparov），是这一时期的标志性事件。进入 21 世纪，得益于大数据、云计算、物联网等信息技术的发展，以深度神经网络（deep neural network）为代表的人工智能技术飞速发展，大幅跨越了科学与应用之间的技术鸿沟。由谷歌公司旗下 DeepMind 公司团队开发的阿尔法围棋（AlphaGo，阿尔法狗）是一款面向围棋领域的人工智能程序。2016 年 3 月，AlphaGo 以 4 ：1 的总比分战胜世界围棋冠军李世石。不同于人类智能，通过输入了上千万盘人类顶级棋手的对弈数据，AlphaGo 采用深度学习（deep learning）模式来提高自己的棋艺。除了人机对弈，目前，人工智能技术已在图像分类、语音识别、知识问答和无人驾驶汽车等领域实现从"不能用、不好用"到"可以用"的技术突破。

由于人工智能的特殊性，许多国家都纷纷制定国家层面的人工智能战略。美国于 2016 年 10 月发布《国家人工智能研发战略规划》，制定美国人工智能研发的整体框架以及 7 项优先战略，以充分利用人工智能技术来增强美国经济实力并改善社会安全。2020 年 2 月，欧盟委员会在比利时布鲁塞尔发布《人工智能白皮书》，旨在促进欧洲在人工智能领域的创新能力，推动道德的、可信赖的人工智能的发展。2019 年 11 月，新加坡发布一项为期 11 年的国家人工智能战略，提出新加坡未来人工智能发展的愿景、方法、重点计划和建立人工智能生态等。报告中有九项重点关注行业或领域，即运输与物流、制造业、金融、安全与安保、网络安全、智慧城市与房地产、医疗、教育和政府。我们可以看到新加坡的人工智能战略中有很多内容都与数字城市治理密切相关。2017 年 7 月，国务院印发《新一代人工智能发展规划》，提出三步走的战略目标：（1）到 2020 年，人工智能总体技术和应用与世界先进水平同步，人工智能产业成为新的重要经济增长点，人工智能技术应用成为改善民生的新途径，有力支撑进入创新型国家行列和实现全面建成小康社会的奋斗目标；（2）到 2025 年，人工智能基础理论实现重大突破，部分技术与应用达到世界领先水平，人工智能成为带动我国产业升级和经济转型的主要动力，智能社会建设取得积极进展；（3）到 2030 年，人工智能理论、技术和应用总体达到世界领先水平，成为世界主要人工智能创新中心，智能经济、智能社会取得明显成效，为跻身创新型国家前列和经济强国奠定重要基础。

（二）人工智能在城市治理中的应用

人脸识别（facial recognition）是一个热门的人工智能研究领域，在数字城市治理当中发挥着重要作用。它是一种基于人的脸部特征信息进行身份识别的生物识别技术，通过分析、比较人脸的视觉特征可以进行身份鉴别。广义的人脸识别包括人脸图像采集、人脸定位、人脸识别预处理、身份确认以及身份查找等一系列相关技术。

人脸识别技术有时候可以替代身份证等证件信息用于身份验证，并支持多人同时检测。在人脸识别的过程中，不需要人的主动配合，不易觉察，设备也不需要接触人，只要拍摄到人脸就可以进行识别。由于这些优点，人脸识别在数字城市治理领域具有非常广泛的应用，涉及机场人脸识别通道、刷脸进出社区、行人闯红灯抓拍等诸多具体治理场景。

2020 年 8 月，江苏省新沂市在主城区范围内开始采用人脸识别技术对行人和非机动车交通违法行为进行智能抓拍。当发生闯红灯、逆行、越线停车等交通违法行为时，电子监控系统能进行全自动跟踪抓拍，记录行人或非机动车驾驶人的人脸特征，通过获取的人脸信息与数据库信息的人工智能自动识别技术来确定违法行为人。违法行为人被自动抓拍的视频和照片会马上显示在道路旁的电子屏幕上，并需要去交警大队学习交通规则和接受相应的处罚。违法次数较多且不接受处罚的人，违法行为记录会被纳入征信系统（新沂门户网，2020）。另一个人脸识别技术在城市领域的应用是刷脸进站，这是2017年春运开始运用的一种新的进火车站方式。自动检票闸机上都安装了摄像头，当乘客靠近机器时，摄像头会抓取乘客脸部信息，与身份证上的照片进行比对，如果票证信息相符、人脸与证件照比对通过，检票闸机就会自动放行。2020年10月，武汉天河国际机场还推出了刷脸登机的自助服务功能。旅客可以自助办理值机手续，无须打印登机牌，只需要刷个人身份证、配合人脸识别，就可以轻松通过安检闸机和登机通道。使用刷脸登机，平均3—5秒就可以通行一名旅客。如果全程使用自助设备乘机，平均能够节省20—30分钟的排队时间（石倩，2021）。

六、区块链与数字城市治理

（一）何谓区块链

区块链（blockchain）起源于比特币（bitcoin）。2008年11月，一位自称中本聪（Satoshi Nakamoto）的人发表《比特币：一种点对点的电子现金系统》一文，系统阐述了基于P2P（peer to peer）网络技术、加密技术、时间戳技术和区块链技术等的电子现金系统的构架理念，标志着比特币的诞生。尽管因为金融风险等原因，不同国家对待比特币的态度是比较复杂的，但对于比特币的核心技术，即区块链，却越来越看重。区块链提供了一种去中心化的信任建立机制，被认为是一种颠覆性技术。区块链搭建了一个对等网络的分布式账本数据库，能建立一个由多方共同维护但各自不可私自篡改的数据库。这一数据库可以记录所有的历史交易信息和相关数据，这些数据是分布式存储于不同地方且公开透明的，而不是统一存储于中央服务器（ZHANG 等，2017）。

作为本质上是分布式数据库的区块链技术，其具有去中心、去中介、公开可靠与永久留存等特征。区块链的原始技术包含三个基础。

（1）交易（transaction）指数据库网络中发生的一次改变，可以是一笔转账、一个事件通知或一段信息。

（2）区块（block）是指累积了一定数量的交易后，会产生一次结算，把刚刚累积的交易信息用高级密码打包成交易区块。

（3）链（chain）则会依照区块结算的时间先后，把区块一个个依序串连，形成锁链一样不断延伸的资料链（SINGTEL，2021）。

区块链一般包括公有的、私有的、联合的三种类型（张健，2016）。公有区块链（public blockchains）是任何人都可以加入和参与的区块链，最典型的应用是比特币。公有区块链是最早的，也是应用最广泛的区块链。它的缺点是可能需要大量计算能力，交易隐私性低或没有隐私性可言，且安全性较弱。类似于公有区块链网络，私有区块链（private blockchains）也是一个去中心化的点对点网络，但它的整个网络由一个公司、组织或个人管理。该组织控制允许谁参与网络，执行共识协议和维护共享分类账。联合区块链（consortium blockchains）会由某个群体内部指定多个预选的节点为记账人，每个块的生成由所有的预选节点共同决定。其他接入节点可以参与交易，但不过问记账过程，其他任何人可以通过该区块链开放的 API （application programming interface，应用程序接口）进行限定查询。

早在 2013 年 12 月，央行、工业和信息化部、中国银监会、中国证监会和中国保监会就联合印发了《关于防范比特币风险的通知》。该通知强调，比特币不是货币，而只是一种虚拟商品，任何金融机构和支付机构都不得以比特币为产品或服务定价。但比特币的底层技术——区块链，却受到了中国政府的高度重视。在 2014 年，央行成立法定数字货币的专门研究小组，以论证中央银行发行法定数字货币的可行性。2019 年 10 月，习近平总书记在中共中央政治局第十八次集体学习中指出：要把区块链作为核心技术自主创新重要突破口；要加强区块链标准化研究，提升国际话语权和规则制定权；要推动区块链和实体经济深度融合；要把依法治网落实到区块链管理中，推动区块链安全有序发展。[①]2020 年 4 月起，央行数字货币开始在深圳、成都、苏州等城市进行小范围试点。

（二）区块链在城市治理中的应用

精准扶贫是区块链技术在数字城市治理领域的一个较新的应用场景。精准扶贫是针对不同贫困区域环境、贫困农户状况，运用科学、有效程序对扶贫对象实施精确识别、帮扶和管理的治贫方式，其核心在于"精准"，其内涵体现出对社会公平的追求。在精准扶贫领域，区域块技术至少有以下三点优势。第一，能确保每一笔扶贫资金的透明使用。扶贫资金的每一次审批都记录在区块链上，各个环节责任到人，扶贫相关的政府部门和银行机构自动加入监管之中，使整个审批过程真正透明，消除腐败滋生的可

---

① 把区块链接技术作为核心技术自主创新重要突破口　加快推动区块链接技术和产业创新发展.人民日报，2019-10-26(1).

能性。第二，能实现扶贫资金的精准投放。传统的资金使用首先需要经过层层拨付再确定扶贫项目，区块链技术的使用则使其可以先确定用款项目和款项用途，再根据实际资金需求配套资金，彻底将"大水漫灌"变成"精准滴灌"。第三，能实现扶贫资金的高效管理。金融服务链与扶贫资金行政审批链的跨链整合使区块链技术和大数据技术有机结合在一起，因而各级政府能自上向下实时掌握扶贫资金的需求、配套、拨付和实际的使用情况（石海平，2017）。

目前，已经有不少省份都在进行基于区块链技术的精准扶贫实践。2018年10月，中国工商银行与贵州省贵民集团合作，通过银行金融服务链和政府扶贫资金行政审批链的跨链整合与信息互信，实现了扶贫资金的透明使用、精准投放和高效管理，并将第一笔扶贫资金157万元成功发放到位（石海平，2017）。中国人寿尝试以区块链技术和保险机制支持社会扶贫，关注贫困家庭主要劳动力的健康医疗保障，为全国18—60周岁建档立卡贫困户提供一份专属扶贫公益保险。通过区块链技术框架实现承保数据实时对接，实现捐款人、公益机构、保险公司、受保人在内的所有项目参与方共同记账和监督，使得任何一方都无法篡改账目（于杨，2020）。

参考文献

DEMCHENKO Y, GROSSO P, DE LAAT C, et al, 2013. Addressing big data issues in scientific data infrastructure//Proceedings of the 2013 International Conference on Collaboration Technologies and Systems[2021-03-04]. http://atlas.ch/]. DOI:10.1109/CTS.2013.6567203.

SINGTEL, 2021. What is blockchain?[2021-03-05]. https://www.singtel.com/business/articles/what-is-blockchain.

ZHANG Y, WEN J, 2017. The IoT electric business model: using blockchain technology for the internet of things. Peer-to-Peer Networking and Applications, 10(4): 983-994.

承天蒙，2020. 亚马逊在全球云计算市场份额降至 45%：微软阿里云份额扩大. 澎湃新闻，2020-04-23[2021-03-03]. https://www.thepaper.cn/newsDetail_forward_7100270.

甘志祥，2010. 物联网的起源和发展背景的研究. 现代经济信息，(1):158, 157.

甲骨文中国，2021. 大数据是什么？.[2021-03-04]. https://www.oracle.com/cn/big-data/what-is-big-data/.

金江军，郭英楼，2016. 智慧城市：大数据，互联网时代的城市治理. 北京：电子工业出版社.

李泉，2019. 城市政务微信公众号的内容生产逻辑研究——以"上海发布"为例. 新闻与写作，(10): 94-98.

林建安，2020. 哪里堵了，哪里坏了，"观音塘智慧中脑"都知道．都市快报，2020-04-09[2021-03-11]．https://new.qq.com/omn/20200409/20200409A0ELW700.html.

刘雯，2017．城市政务微信"上海发布"研究．湘潭：湘潭大学学位论文．

陆天逸，2019．入驻 13 个平台，粉丝总量超 1400 万，"上海发布"影响力稳居全国政务新媒体前列．(2019-11-28)[2021-03-13]．http://www.why.com.cn/wx/article/2019/11/28/1574935807118191 8970.html.

陆锌渤，2018．浅析射频识别技术．中国新通信，(1):67-68.

澎湃新闻，2020．"上海发布"政务微信粉丝突破 800 万，影响力位居全国前列．(2020-10-08)[2021-03-13]．https://baijiahao.baidu.com/s?id=16799617699871 98331&wfr=spider&for=pc.

石海平，2017．工商银行利用区块链技术创新扶贫金融服务．(2017-10-10)[2021-03-12]．http://www.xinhuanet.com/money/2017-10/10/c_129718001.htm.

石倩，2021．刷脸登机来了！无需登机牌，全套自助设备乘机可省近半小时．(2021-03-11)[2021-03-12]．http://news.cnhubei.com/content/2021-03/11/content_13671393.html.

汤琪，2020．我国移动互联网用户规模超 13 亿，占全球网民三成以上．澎湃新闻，2020-07-23[2021-03-04]．https://www.thepaper.cn/newsDetail_forward_8405910.

唐维红，2020．《中国移动互联网发展报告（2020）》正式发布．(2020-07-16)[2021-03-04]．http://yuqing.people.com.cn/n1/2020/0716/c209043-31785567.html.

微软中国，2021. 什么是云计算？入门指南 .[2021-03-03]. https://azure.microsoft.com/zh-cn/overview/what-is-cloud-computing/.

吴兰，2021. 安徽合肥全面打造"城市大脑" 大幅减少纸质申请材料 . 中 国 新 闻 网，2021-01-05[2021-03-12]. http://www.ah.chinanews.com/news/2021/0105/271435.shtml.

新沂门户网，2021. 新沂交警人脸识别技术抓拍交通违法正式启用 .[2021-03-12]. https://wemp.app/posts/98becc23-6e63-47b2-901b-a2c366f4ef75.

于杨，2020. 扶贫助农新出路，中国人寿区块链助推精准扶贫升 级 加 力 . (2020-04-08)[2021-03-12]. http://www.xinhuanet.com/fortune/2020-04/08/c_1125828164.htm.

虞涵棋，2020. 国内首个城市云的十年：从建中心到买服务，成都第一个吃螃蟹 . 澎湃新闻，2020-05-04[2021-03-12]. https://www.thepaper.cn/newsDetail_forward_7074323.

张健，2016. 区块链：定义未来金融与经济新格局 . 北京：机械工业出版社 .

中国信息通信研究院，2019. 城市大数据平台白皮书 [2021-03-12]. http://www.caict.ac.cn/kxyj/qwfb/bps/201906/P020190604489340368704.pdf.

第三章

新型城市数据与数字城市治理

DIGITAL URBAN GOVERNANCE

————

问卷调查、居民访谈、统计资料等传统城市数据具有收集成本高、收集效率低、人群覆盖面窄和数据可获取性差等缺点。新一代信息通信技术的快速发展伴随着大量新型城市数据的产生，这些数据较好弥补了上述传统城市数据的局限性。在收集数据的设备与系统已经部署完成的情况下，数据收集的成本相对偏低，速度很快，甚至可以达到实时收集数据的程度。对于手机信令大数据、公共交通刷卡大数据等新型城市数据可以做到覆盖千万级人口的规模，覆盖居住、工作在不同区域的居民群体。这些数据对于数据拥有者而言，可以直接用于提高生产与服务效率。当符合数据开放要求时，也可以开放给第三方用户使用。需要说明的是，新型城市数据不仅包括城市大数据，也包括并不符合大数据的定义但又是传统途径无法或难以获取的城市数据。例如，某一城市的所有出租车轨迹数据是典型的城市大数据，从大众点评网站抓取的某一城市的餐饮数据是传统上难以获取的城市数据，这两者都属于本章所描述的新型城市数据。

总体而言，新型城市数据可以从不同角度定量刻画城市的物理空间和社会空间，有助于我们认识城市系统和市民行为特征，进而支持数字城市治理的实践。本章将介绍一些常见的新型城市数据及其在城市治理实践或研究当中的应用，具体包括智能卡刷卡数据、手机数据、兴趣点数据、社交媒体数据和轨迹数据五大类。

一、智能卡刷卡数据

（一）介绍

智能卡（smart card）是对卡内部嵌有芯片的一种便携式卡片的统称。根据装载芯片和通信方式等不同，智能卡可以分为存储式卡、微处理器卡或者接触式卡、非接触式卡、双界面卡。智能卡被广泛应用于政府、银行、教育、交通等各个社会领域，被用来存储金额、指纹、照片、身份 ID 等信息，用于身份识别、安全认证、金额支付等用途。常见的智能卡包括银行卡、交通卡、学生卡、员工卡，以及不同生活场景下使用的各类会员卡等。

一般来说，智能卡具有以下优点：（1）便于携带，可以方便地放到钱包或卡包中；（2）卡片与读卡器没有物理性接触，避免了因接触读写而产生的各种故障和损害，可用于各种灰尘污染等较为恶劣的使用环境；（3）保密性好，读写器具有不直接对最终用户开放的物理接口，保证其自身安全性；（4）可以一卡多用，例如一些城市的公交卡既具有乘坐公共交通的功能也能在商城购物；（5）由于技术的进步，智能卡的制造成本也处于较低的水平且逐年下降。

人们使用智能卡的过程也会生成智能卡刷卡数据。刷卡数据的数据结构相对比较简单。例如当乘客使用公交卡进入某一地铁站点时，会对应生成一条原始的智能卡刷卡记录。记录包含公交卡编号(ID)、公交卡类型(如普通卡、老人卡、学生卡等)、地铁站名称、地铁线路编号、刷卡时间等信息。当我们对原始刷卡记录进行处理之后，可以获得更完善的乘客出行信息。例如，处理之后的地铁刷卡数据除了公交卡编号、类型属性之外，还能包括进/出站地铁站名称、进/出站时间、乘车金额等。表3-1所示为上海市地铁刷卡的原始数据，主要包含匿名卡号、时间、站名、金额等信息。不难推测，在同一卡号的连续刷卡记录中，金额为0的是地铁进站信息，金额大于0的是地铁出站信息。基于此，就可以识别出每个卡号对应乘客的一次完整的出行记录（见表3-1）。

根据使用场景（或卡片类型）的不同，我们能获得不同的智能卡刷卡大数据。例如，当我们使用公园的会员卡进出公园时，会产生有关"逛公园"这一行为的智能卡刷卡大数据。目前，被广泛用于实际研究和应用的智能卡刷卡数据主要包括公交卡和银行卡刷卡大数据，少量研究也开始关注学生卡刷卡大数据。

表 3-1 上海市地铁刷卡大数据示例

匿名处理之后的卡编号	日期	时间	地铁站点	金额
22019252167	2016-07-16	8:32:05	2 号线娄山关路	0
22019252167	2016-07-16	7:51:54	7 号线上大路	3.6
22019252167	2016-07-16	16:28:42	2 号线娄山关路	0
22019252167	2016-07-16	17:11:49	7 号线场中路	3.6
31042664781	2016-07-16	12:06:37	11 号线枫桥路	0
31042664781	2016-07-16	12:31:24	9 号线漕河泾开发区	3

续表

匿名处理之后 的卡编号	日期	时间	地铁站点	金额
4002346948	2016-07-16	10:01:02	11 号线嘉定北	0
4002346948	2016-07-16	12:37:10	3 号线中山公园	5
4002346948	2016-07-16	16:02:39	2 号线中山公园	0
4002346948	2016-07-16	17:03:14	11 号线嘉定北	6

（二）研究与应用

　　过度通勤。过度通勤（excess commuting）是一种城市中普遍存在的交通出行现象，它是指实际的通勤成本和理论上最优的通勤成本之间的偏离。从整个城市的尺度看，过度通勤的存在是难以避免的，因为无法使每一位市民都居住在最合理的位置，进而达到通勤最优化。但是如果偏离的程度过高，则表明居民浪费了过多时间在通勤上，城市的空间结构不合理，产生了职住不平衡（job-housing imbalancing）现象。ZHANG 等（2021）利用上海地铁 2015 年 4 月一整月的出行大数据定量分析了过度通勤现象，包括 1.23 亿次地铁出行记录，涉及 1050 万持卡人上海地铁刷卡大数据。利用这些地铁出行记录识别出 182 万通勤人员，以及每个人的工作地和居住地。这里工作地和居住地都是用相应的地铁站点来表示。研究结果显示，所有通勤人员平均一次通勤花费 34.60 分钟，即考虑回程是 69.20 分钟。在所有通勤人员当中，有 44.5% 的人是一周通勤五天，是最主要的通勤模式，也符合我们平时认知的一周工作五天的习惯。但是还有其他不同的模式，例如有 23.3% 的人一周通勤四天，11.4% 的人一周通勤六天，这反映了现实中存在一定比例的灵活上下班的情况，且反映出有相当一部分比例的人需要周末加班。之后，作者使用一个基于遗传算法的过度通勤模型来优化上海市的通勤模式。模型采用了过度通勤研究领域里的经典假设：每一个人的工作地不变，但是可以自由更换住处，住处更换之后可以相应减少通勤距离，最终达到上海全市的通勤模式优化。模型同时考虑通勤效率与公平性的优化，即优化之后每个通勤者的平均耗时会尽量减少且每个通勤者所减少（或有时也会增加）的通勤时间也尽量接近。结果显示，经过优化之后，平均每个人的通勤时间可以从 34.60 分钟降至 13.80 分钟，优化之后通勤模式的效率和公平性都大大增加了。

基于银行卡刷卡大数据的个人隐私问题研究。近年来涌现出的各类大数据能从根本上重塑我们如何认知城市、如何治理城市以及如何从事城市相关的研究工作。但是数据开放也带来潜在的隐私问题。DE MONTJOYE 等（2015）利用来自 110 万人的覆盖 3 个月的信用卡交易数据探讨数据中包含的时空位置信息是否（或多大程度上）泄露了人的隐私。具体而言，他们关注当我们知道多少次用户的刷卡交易行为的时空位置信息，就能够从数据库中准确识别这个人。作者举了一个例子说明这一问题。假设我们尝试在一个匿名信用卡刷卡数据中寻找一个叫 Scott 的人。数据库只包括匿名 ID，不包含任何真实姓名、银行账号或其他可以识别人的信息，每一条刷卡记录只包含刷卡的时间、地点（商店）和交易金额等基本信息。假设我们事先知道两个有关 Scott 的时空位置信息，他 9 月 23 日的时候去了一个面包店，9 月 24 日去了一个餐馆。通过查询数据库，我们发现仅有一人满足在这两天去了这两个地方，那么我们可以识别出这个人就是 Scott。通过匿名 ID，我们可以知道他的所有交易记录，例如他在 9 月 23 日的时候还去商店买过鞋子，以及花了多少钱。通过案例分析，作者发现我们只需要知道四个时空位置的信息，就能成功识别约 90% 的人。如果我们知道一次交易的金额，则能将识别率提高 22%。此外，通过降低时空分辨率，例如时间精度从记录每次交易在某一天的某个小时到仅记录在某一天，并不能在很大程度上改善隐私泄露的问题，而女性相比于男性有更高的被识别风险。

利用学生刷卡数据理解学生造访图书馆的行为。ZHANG 等（2019）利用成都某大学的学生刷卡数据分析大学生进出图书馆的行为。在这篇论文中，作者将一次进出图书馆的行为看作是一次造访图书馆的活动，学生可能去图书馆借还书、自习或者勤工助学等。这个活动可以看作是在一个二维时间平面上的点，这个平面以活动的开始与结束时间作为横轴轴线。这其实类似于我们在地理学中利用经纬度来定位某个物体在空间中的位置。类似地，这里用活动开始和结束时间定义活动在时间二维平面上的位置。通过这种思路上的转换，就可以将地理信息科学（GIS）里常用的空间点模式分析中的方法用于理解时间点模式分析当中。具体地，原始数据集覆盖 2014 年 11 月 3 日至 30 日共四周的刷卡数据。经过数据预处理，获得 7412 张学生卡的 57180 个活动记录，每个活动平均时长为 129 分钟。然后，作者利用平均中心、核密度、最近邻里距离和热点分析工具等空间分析方法，从时间维度解读分析学生的行为特征与模式，例如他们发现学业表现优秀的学生更有可能在晚上造访图书馆，这可能是因为这类学生通常更愿意选择在晚上的时候在图书馆自习。

二、手机数据

（一）介绍

智能手机是具有独立操作系统、可以用来电话沟通并能安装各类应用程序（社交、购物、导航、游戏等）的移动设备。随着功能愈发丰富与完善，智能手机已经成为人们日常使用频次最高的智能设备，"人手一部"恰如其分地表达出手机的普及程度。

用户使用手机的过程会产生大量的手机数据。这些数据一般包括手机通话数据（mobile call detail records）和手机信令数据（mobile signal data）两大类。手机通话数据是手机用户之间通话所产生的数据，核心特征是包括通话主叫和被叫的（匿名）电话号码。此外，还记录有用户的一些个人属性。虽然手机通话数据能很好地刻画用户的社交网络等信息，但更容易引起个人隐私泄露等问题，因此在实际应用中较少使用，数据由通信运营商长期保持，一般不提供给第三方使用。

手机信令数据则是由用户在发生通话、发短信或切换基站等事件时，被运营商（中国移动、联通、电信）的通信基站捕获并记录的信号数据。一条信令数据包含用户 ID、时间戳、基站位置编号、事件类型（如接打电话、接发短信、位置更新）等信息。

相比于其他新型城市数据而言，手机数据在人群、时间以及空间等多维度信息的覆盖上都是最广的。除了在 18 岁以下 60 周岁以上、经济条件差的贫困人口等少数人群中的覆盖率偏低，绝大多数人都拥有并使用手机，即手机的普及率非常高。2020 年 9 月发布的《全球移动市场报告》显示，

2020 年全球智能手机用户将达到 35 亿，其中来自中国的用户超过四分之一（NEWZOO，2020）。从时间维度看，只要用户开始使用手机，他们的数据就会被获取，因此手机覆盖时间范围很长，可以达到几年甚至十几年。从空间维度看，由于运营商在全国范围内都建设有密集分布的手机信号基站，不论手机用户是在所居住的城市使用手机，或者是因出差、旅行等原因出现跨省（乃至跨国）行为，其使用行为都可以被记录下来。所以，手机数据可以覆盖非常广的空间范围，包括城市、区域以及省域、国家乃至全球。

在使用手机数据的过程中需要考虑的隐私问题较多，尤其是考虑到在手机进行实名制登记后，手机数据可能包含大量涉及用户的个人隐私数据，如姓名、身份证号码、性别、常居住地等信息，这些敏感信息极易造成个人隐私的泄露，因此需要加强算法的脱敏性设计。数据脱敏不仅仅是对于客户隐私数据中的某些字段进行加密，还应避免数据之间的关联关系造成其他信息的泄露，如客户的活动轨迹特征信息等。在做具体的分析过程中，也应该有意识地避免做一些容易泄露用户隐私的分析。

同时，尽管手机数据可以覆盖非常大的空间范围，但是其记录的使用手机行为的空间精度会受手机信号基站的分布密度影响。手机数据当中的位置信息并不是用户精确的位置信息，而是与用户位置最为接近的手机基站位置。这是手机数据的一个局限性，例如，我们并不能够使用手机数据识别用户非常精确的就业或居住地。在人口密集区（如城市中心），手机基站的布局会更为密集，基站之间的距离会越小，那么手机数据的空间精度就会更高。在人口较为稀疏的区域（如农村地区），手机基站的数量相对较少，基站之间的距离也会更大，那么手机数据的空间精度就会较低。

国内主要运营商都在开展基于手机大数据的咨询与研究工作，中国联通智慧足迹数据科技有限公司就是一个典型例子。智慧足迹由中国联通集团控股，与西班牙电信合作成立的专业大数据公司，也是国内运营商中第一家开展专业化大数据业务的公司。公司依托中国联通稳定广泛的基础通信网络和丰富的市场经验，以及西班牙电信在大数据服务方面的成熟技术，提供基于位置信息的洞察及大数据的相关业务（网易科技，2017）。智慧足迹拥有丰富的手机大数据，包括轨迹信令数据、上网行为日志数据、用户属性数据、移动终端数据等，并全面掌握城市居民驻留（居住地、工作地）、出行方式等时空特征标签及属性偏好特征，覆盖中国联通 4 亿多用户，日处理位置信息 1600 亿条，上网记录 5380 亿条，话单 330 亿条。这些数据在城市规划与治理方面有广泛的应用。例如：分析城市居住人口、工作人口、访客人口及总人口数量及其时空分布；统计人口在城市各区域的热力分布，并以每小时、每天等不同时间粒度呈现变化趋势；分析城市内与跨城市之间的人流迁徙动态、流动人口去向与来源等，并结合居民出行方式评估城际之间的交通效率，从而达到合理规划路线及交通方式的目的；分析城市重大基础设施的辐射人群，掌握使用此设施的人群属性及偏好，为政府统一规划提供有力的数据支撑（智慧足迹，2021）。

（二）研究与应用

基于手机大数据的新冠肺炎疫情研究。JIA 等（2020）研究了由中国一家大型国有手机运营商提供的超过 1100 万人的匿名手机数据。这些人来自全国 31 个省份的 296 个县，但是都在 2020 年 1 月 1 日至 24 日期间在武汉至少停留两个小时。研究结果显示，隔离限制措施对于大幅减少人口流动非常有效：1 月 22 日至 23 日，人口流出下降了 52%，到 1 月 24 日又下降了 94%。此外，根据人口流出的分布，最多可提前两周准确预测新冠肺炎疫情感染在中国的发生频率和地理位置，并能在疫情早期发现潜在传播风险较高的城市。

基于手机 App 的新冠肺炎疫情防控。2020 年 3 月发布的 TraceTogether 是由新加坡政府科技局和卫生部共同开发的用于防控新冠肺炎疫情的手机应用。它能通过手机之间互换短程蓝牙信号，记录用户在过去 21 天内近距离接触过的人。用户需要在应用里使用手机号注册并打开蓝牙，安装了 TraceTogether 的手机会与附近其他安装同一应用的手机互换蓝牙信号。没有安装该应用的手机，则不会被探测到。这些近距离接触记录会被存储在每个用户的手机上，这些数据会被加密且不会通过网络进行上传。如果用户被确诊感染，政府才会要求他们提供数据，以便追踪曾与他们有过近距离接触的人。另外，政府相关部门也会尽快通知有近距离接触过确诊患者历史的人，以便市民监测自己的健康状况，看是否有感染症状出现，以接受指导和护理。TraceTogether 不收集或使用任何类型的用户位置数据，也不访问用户的联系人或地址信息。它使用蓝牙数据来建立联系，并不存储有关联系发生地点的信息。此外，在两台手机互相交换信息时，彼此是以随机的 ID 进行通信，并未涉及任何个人的身份信息；电话号码与 ID 的配对信息则被存放在另一台服务器上，只有在必要时才会被读取。相关数据在手机的储存时间为 21 天，到期将被自动删除（开源中国，2020）。

三、兴趣点数据

（一）介绍

兴趣点（point of interest，POI）是一个地理信息系统领域的常见概念。它一般指能够抽象为"点"的地理实体，尤其是一些与人们生活密切相关的实体，例如公交车站、邮局、餐馆、宾馆、银行、ATM 自动取款机、加油站、医院和超市等。兴趣点能够描述地理实体的空间位置及其相关属性信息，在很大程度上增强了人们对地理实体的描述能力和查询能力。

一个兴趣点通常包含名称、类别、经度、纬度等基础信息。POI 数据是各类电子地图必备的基础信息，在现实中有很多应用，例如方便用户导航到目的地、为用户提供所在位置周边的详细情况、合理规划行进路线等。

为了便于数据的记录和区分，通常会对兴趣点进行分类，每个分类都有相应的行业代码和名称与之对应。在 2017 年 8 月版本的高德地图自定义编码格式中，兴趣点分为 23 大类、264 个中类、869 小类。23 个大类具体包括：汽车服务、汽车销售、汽车维修、摩托车服务、餐饮服务、购物服务、生活服务、体育休闲服务、医疗保健服务、住宿服务、风景名胜、商务住宅、政府机构及社会团体、科教文化服务、交通设施服务、金融保险服务、公司企业、道路附属设施、地名地址信息、公共设施、事件活动、室内设施和通行设施。表 3-2 显示部分高德地图的 POI 分类编码及大类、中类和小类名称。

表 3-2　高德地图 POI 分类示意

类型编码	大类	中类	小类
050000	餐饮服务	中餐厅	湖南菜（湘菜）
070000	生活服务	电讯营业厅	中国电信营业厅
090000	医疗保健服务	专科医院	耳鼻喉医院
130000	政府机构及社会团体	公检法机构	检察院
140000	科教文化服务	传媒机构	出版社
150000	交通设施服务	机场相关	摆渡车站

来源：https://developer.amap.com/api/webservice/download。

兴趣点数据的采集是一项非常耗时耗力的工作。传统的地理信息采集过程需要专业人员采用精密的测绘仪器去获取一个兴趣点的经纬度，然后再标记下来。目前，国内外有许多专门的电子地图提供商进行兴趣点数据的采集并提供相应的服务，例如我们经常会用到的高德地图和百度地图。另外，许多志愿者上传兴趣点数据到开源地图网站，并通过与人协作的方式在线整理、编辑兴趣点数据，供所有人使用。最著名的例子就是开放街道地图（open street map，OSM）。它发端于 2004 年 7 月，旨在创造并提供可以被自由使用的地理资料（包括 POI 数据）给每个想使用的人，类似于地图版的维基百科。用户可以通过开放街道地图提供的数据接口，直接下载全球范围的兴趣点数据，辅助现实中的分析与研究工作。由于在国内使用开放街道地图的人数偏少，导致获取的兴趣点数据未必能很好地表征真实的国内城市空间信息，所以一般我们会通过高德或百度地图提供的数据开放接口获取相应的兴趣点数据。例如，高德地图提供了根据关键词搜索、周边搜索、多边形搜索和 ID 查询四种方式获取兴趣点信息。

用户可以根据需求采取调用网络地图 API 的方式获取 POI 数据，或是直接获取 POI 开放数据。除了开放街道地图以外，国内一些机构也提供免费或付费形式的 POI 数据下载服务。例如，华东师范大学人文社科大数据平台（http://sdsp.ecnu.edu.cn/sdp/）提供全国范围的百度地图 POI 数据，数据覆盖 2012—2017 年，需要获得权限之后下载该数据集。北京大学开放研究数据平台（https://opendata.pku.edu.cn）提供高德地图兴趣点 POI 数据，该数据集由国家信息中心合作企业北京国信宏数科技有限责任公司提供，涵盖截至 2018 年 9 月 30 日的全量数据，地域覆盖全国，数据总量为 6530 万余条，包含 POI 名称（name）、分类（type）、地址（address）、经纬度（location）、所在省份名称（pname）、所在城市名称（cityname）、所在区域名称（adname）和所在区域编码（adcode）共 8 个核心字段，用户注册登录后可以下载数据文件。

（二）研究与应用

人居环境因素对休闲活动的影响。兴趣点数据可以表征城市用地功能类型，LIU 等（2020）系统分析了北京市休闲活动的特征，及社会经济因素和人居环境因素对休闲活动的影响。他们的研究就利用通过高德地图 API 获取的 120 万个兴趣点数据来表征北京市的人居环境因素。作者选取可能对休闲活动产生影响的一些 POI 类型，具体包括公园（parks）、体育场馆（sport venues）、旅游景点（attractions）和商店（shops）。结果显示，北京市民更倾向于在住处所在地周边步行范围内的地方进行休闲活动，活动区域主要集中在市中心或区 / 镇中心，这和西方国家会有不同，例如在德国的一些城市，超过半数的活动可能发生在离家较远的或难以步行到达的地方。公园和旅游景点对休闲活动具有正面影响，这也符合我们对现实的认知：这类场所天然适合开展休闲相关的活动。体育场馆密度（density of sport venues）这一因素对休闲活动的影响并不显著，可能是因为研究涉及人群是北京全体市民，相当一部分人愿意在一些诸如广场、公园空地等免费的公共空间参与休闲活动，例如跳广场舞和下象棋等。而这些体育场馆由于需要收费、对运动类型有限制、对参与者的能力或身体素质有要求，因此只能在青年人等少数人群中流行，在全局上没有表现出显著性。

四、社交媒体数据

（一）介绍

社交媒体（social media）是指基于用户关系的内容生产与交换的互联网平台。常见的社交媒体包括微博、微信、博客、抖音以及海外的Facebook、Twitter、Instagram、Flickr 等。用户使用这些社交媒体分享观点、经验和新闻等，所产生与交换的内容会以文字、图片、音频、视频等不同形式呈现。

社交媒体数据是指因为用户使用社交媒体进行生产与交换内容而产生的数据。实际研究中被广泛应用的社交媒体数据主要包括用户属性数据、用户关系数据、地理位置数据和文本数据等。有关图片、音频、视频等的数据量日益增长，但相对而言，较少应用于与城市治理有关的研究工作中。微博、Twitter 和 Facebook 相关的社交媒体数据是在研究领域中最常见的。

用户属性数据是研究的基础数据，主要包括用户性别、地域分布、兴趣爱好和发布设备等信息。用户关系数据主要指用户之间互相关注的信息。从城市研究的角度看，我们一般会对用户所属地做更进一步的分析。例如，结合地域分布信息，可以刻画出不同地域之间的联系强度，进而分析以地域为单位构成的社交网络特征和城市网络特征。地理位置数据是指用户发送微博时标记所在的地理位置信息，也称为签到（checkin）信息。文本数据是用户所发布的以文字为主体的微博内容，可以通过对文本内容的挖掘，反映用户的心情、观点等较为主观的信息。

（二）研究与应用

基于 Twitter 大数据的桑迪飓风事件分析。美国亚利桑那州立大学的数据挖掘与机器学习实验室开发了 TweetTracker 和 TweetXplorer 来研究 Twitter 社交媒体大数据。TweetTracker 主要负责实时收集和处理 Twitter 数据，它可以根据哈希标签（hash tags）、关键词（keywords）、地理边界（geographic boundaries）、用户名（usernames）等信息来跟踪 Twitter 上与一些重要事件相关的推文（tweets），例如有关美国大选的新闻（KUMAR 等，2011）。目前，TweetTracker 已经收集和处理了超过 37.8 亿的推文数据。TweetXplorer 则主要负责分析、展示和管理 Twitter 数据。它能有效地帮助研究者了解 4W 问题，即什么时间（when）、什么地点（where）、什么内容（what）和什么人（who）。通过分析在特定时间段发生在某些地方的某些重要用户的推文，能更好地理解相关事件的主要信息。

MORSTATTER 等（2013）详细阐述了如何运用 TweetXplorer 来理解桑迪飓风这一事件。桑迪飓风是形成于大西洋洋面上的一级飓风，于 2012 年 10 月登陆古巴、多米尼加、牙买加和美国等国家，造成了巨大的人员和财产损失。作者收集了 2012 年 10 月 25 日—11 月 3 日之间共计 564 万有关桑迪飓风的推文。推文主要覆盖三个阶段：飓风登陆美国前（10 月 29 日 00:00—10 月 29 日 17:59），飓风登陆美国（10 月 29 日 18:00—10 月 30 日 23:59）和飓风过后恢复阶段（10 月 31 日 00:00—11 月 1 日 12:00）。在第一阶段，被转发最多的一条推文是关于疏散区的宠物避难所的可获取性（availability）。当飓风接近登陆时，用户更多讨论了一些与流言（rumors）、破坏（damage）和地铁（subway）等相关的特定话题。当飓风登陆美国之后，最开始出现的是一些有关洪水来临的报道并有相关的图片链接。随后在纽约市及其周边地区出现电力中断，受此影响，有报道称部分医院正在疏散病人。与此同时，流言也开始传播：有人宣称洪水已淹没纽约证券交易所大楼。一些机构（如 @weatherchannel）转发了此消息，并在证实消息为假之后撤销消息。当飓风退去进入恢复阶段时，用户最关心的话题则转变为灾后修复工程，在纽约市大家讨论最多的是与破坏（damage）、电源（power）和洪水（flood）相关的话题。

五、轨迹数据

（一）介绍

轨迹可以看作是移动对象随着时间的变化在地理空间中留下的印迹。轨迹数据具有时空特征，是通过对移动对象运动过程的采样所形成的数据信息，一般包括采样点位置信息（经纬度）、采样时间、对象移动速度等。拥有全球定位系统（global positioning system）定位功能的智能手机、手机通信基站、公交卡等都可以生成轨迹数据。因此，某种程度上，前文所述的智能卡刷卡数据、手机大数据和微博签到数据也可以称为轨迹数据。但是，这些数据的采样时间间隔较长，空间跨度一般也更大。例如，某一用户连续两条签到数据可能间隔三天，第一条在北京旅游逛故宫的时候发布，第二条则定位在该用户位于上海的家中。这一小节主要关注轨迹较为连续的数据，即数据基本能反映用户较为连续的时空印记，最典型的数据是出租车 GPS 轨迹数据。随着具有 GPS 定位功能的移动设备（主要是智能手机）的普及和基于位置服务（location-based service）的发展，大量的轨迹数据生成并为不同类型的应用服务。

原始的 GPS 轨迹数据存在很多数据冗余与噪声，通过一系列数据预处理后，可获得可以用于进一步分析的轨迹数据。例如，在识别骑行岛的研究中，ZHANG 等（2019）采用了以下三个主要步骤处理用户骑行所产生的轨迹数据。

（1）重采样（resampling）。共享单车骑行轨迹数据的时间精度可以达到秒级，但是由于存储设备、计算能力等限制，轨迹数据挖掘不需要如此精细且冗余的位置信息，所以可以对原始轨迹数据进行重采样，以剔除部分冗余的 GPS 点，保留关键的位置信息。

（2）停留点过滤（stop point filtering）。共享单车可能会在某一时间段驻留在某个位置时间较长，例如临时停放处，该位置称为停留点（stay point）。因为共享单车仍然在使用中，那么在该停留点产生大量的 GPS 位置信息，会造成数据冗余，所以这一步骤旨在提取停留点信息，保留必要的位置信息。

（3）地图匹配（map matching）。该步骤通过与真实的自行车道路网匹配，将轨迹采样点都映射到一个路网位置，进而估计真实的用户骑行轨迹。路网匹配对于评估交通流量、引导共享单车导航和预测骑行路线等具有重要作用。

（二）研究与应用

城市黑洞与城市火山的识别。来自微软亚洲研究院的 HONG 等（2015）在一篇研究论文中提出城市黑洞和城市火山的概念。城市黑洞是指一段时间内进入某区域的人数远远大于流出数量，类似能吸收包括光以内的物质的黑洞（天文学概念）。而城市火山则恰恰相反，是指一段时间内进入某区域的人数远远小于流出人数，类似于短时间对外释放大量物质的火山（地质学概念）。实时而精确地识别城市黑洞与城市火山有助于更好地进行城市规划与治理。例如，2014 年 12 月 31 日发生于上海外滩的这起严重的人群踩踏事件。当时许多游客、市民聚集在上海外滩迎接新年，因人流量过大导致某人行通道阶梯处的底部有人失衡跌倒，继而引发摔倒、叠压，致使拥挤踩踏事件发生。在此次事件中，外滩在短时间内吸引大量人群聚集，可以看作是一个城市黑洞。如果能尽早识别这一异常现象，城市管理部门可以根据人群密集程度、发生时间和地点等信息，及时安排更多民警维持现场秩序、合理疏导人群、提前限制人群聚集并适当广播宣传潜在风险等规避这类公共安全事件的发生。在提出一个基于时空图（spatiotemporal graph）的方法之后，HONG 等（2015）利用北京市 2012 年 11 月的约 3.3 万出租车运行所产生的逾 1800 万公里的 GPS 轨迹数据来识别城市火山与黑洞。作者在北京工人体育场、北京南站、北京西站、三里屯等地发现城市黑洞与火山，这些地方多与交通枢纽、体育赛事举办地、娱乐休闲购物中心等地接近，容易短时间内吸引大量人群聚集。

共享单车的能源环境效益评估。作为一种可持续的交通方式，共享单车的普及能为城市带来一系列的社会、环境和经济效益。ZHANG 等（2018）利用用户骑行所产生的海量轨迹大数据，科学评估了新一代基于互联网租赁的无桩共享单车的潜在环境能源效益。论文使用的数据为上海 2016 年 8 月约 102 万条匿名化的共享单车出行记录。每一条记录包括出行开始和结束地点，以及骑行过程中的 GPS 点位置，根据这些信息可以推测用户真实的骑行轨迹，进而估算真实的出行距离。然后，作者假设一种简单化的情景，当出行距离大于某一个阈值时，这些出行是有可能被小汽车出行所替代的。小汽车出行会带来相应的能源环境消耗，那么这些距离较长的共享单车出行的潜在能源环境效益可以用可能被替代掉的小汽车出行的能源环境消耗表示。以 8 月情况为基准，最终推测出 2016 年全年共享单车在上海的能源环境效益。结果显示，共减少约 8358 吨汽油消耗、25240 吨碳排放和 64 吨氮氧化物排放。从空间维度看，环境效益主要集中在人口较密集的上海市中心，由中心向郊区逐渐降低。从时间维度看，环境效益主要集中在早晚上下班通勤高峰时间段。时空维度分析的结果与共享单车的投放区域和使用场景是基本保持一致的。这篇论文首次定量评估了新一代无桩共享单车带来的环境能源效益，结果能为可持续城市、低碳城市和慢行城市的规划和治理提供一定的科学依据和政策建议。

共享单车骑行岛的识别。慢行交通系统规划对促进城市交通可持续发展起到重要作用。在传统的有关城市骑行的概念认知里，我们常常提到骑行路网和自行车停车点的概念。从几何形态的角度看，两者分别是"线"和"点"的对象。尽管在某些慢行交通规划当中，我们也会提一些"面"的概念。例如 2006 年由同济大学专家编制的《上海市中心城慢行交通系统规划》中就提出营造 300 多处分布上海中心城区的城市魅力区（慢行核），以及数十个城市慢行安全区（慢行岛）。ZHANG 等（2019）提出了"骑行岛"的新概念，它是指相比于周边地区有更高骑行需求的区域。如果把骑行需求在三维空间上用高度来表示，该区域的需求高度会高于周边地区，类似于海面上的一个岛，故名"骑行岛"。

作者使用的数据为覆盖上海市的共享单车轨迹数据，共计 72 万条出行记录，由 13 万用户产生，涉及 29 万辆共享单车。数据覆盖时间为 2017 年 9 月 16—30 日。每一条出行记录包括出行 ID、开始 / 结束时间、开始 / 结束位置的经纬度坐标，以及开始 / 结束位置之间的 GPS 轨迹序列。作者采用的基本方法如下：通过重采样、停留点过滤和地图匹配等方法，结合从开放街道地图上获取的可骑行道路网，处理用户骑行轨迹数据。将每一条出行轨迹匹配到自行车道路网上，由此可获得每一条道路上骑过的出行数量。然后，根据物理学中的渗透理论（the percolation theory）动态识别骑行岛。该研究也有助于更好地认识骑行空间结构以及支持城市的慢行交通系统规划。

参考文献

DE MONTJOYE C, RADAELLI L, SINGH V K, et al, 2015. Unique in the shopping mall: on the reidentifiability of credit card metadata. Science, 347(6221): 536−539[2021−03−18]. http://dx.doi.org/10.1126/science.1256297http://hdl.handle.net/1721.1/96321. DOI:10.1126/science.1256297.

HONG L, ZHENG Y, YUNG D, et al, 2015. Detecting urban black holes based on human mobility data//GIS: Proceedings of the ACM International Symposium on Advances in Geographic Information Systems. Association for Computing Machinery. DOI:10.1145/2820783.2820811.

JIA J S, LU X, YUAN Y, et al, 2020. Population flow drives spatio-temporal distribution of COVID−19 in China.Nature, 582(7812): 389−394[2021−03−18]. https://doi.org/10.1038/s41586−020−2284−y. DOI:10.1038/s41586−020−2284−y.

KUMAR S, MORSTATTER F, SAMPSON J, et al, 2011. TweetTracker: an analysis tool for humanitarian and disaster relief//The International Conference on Weblogs and Social Media. [2021−03−19]. http://tweettracker.fulton.asu.edu/Kumar−etal_TweetTracker.pdf.

LIU Y Q, ZHANG Y P, JIN S T, et al, 2020. Spatial pattern of leisure activities among residents in Beijing, China: Exploring the impacts of urban environment. Sustainable Cities and Society, 52(July 2019): 101806. https://doi.org/10.1016/j.scs.2019.101806. DOI:10.1016/

j.scs.2019.101806.

MORSTATTER F, KUMAR S, LIU H, et al, 2013. Understanding twitter data with tweetxplorer//Proceedings of the ACM SIGKDD International Conference on Knowledge Discovery and Data Mining. Association for Computing Machinery: 1482−1485. DOI:10.1145/2487575.2487703.

NEWZOO, 2020. 2020全球移动市场报告. [2021−03−08]. https://newzoo.com/insights/trend−reports/global−mobile−market−report−2020−light−chinese/.

ZHANG Y, LIN D, LIU X C, 2019. Biking islands in cities: an analysis combining bike trajectory and percolation theory. Journal of Transport Geography, 80(2): 102497. https://doi.org/10.1016/j.jtrangeo.2019.102497. DOI:10.1016/j.jtrangeo.2019.102497.

ZHANG Y, LIU L, 2019. Temporal point pattern analysis of human activities using GIS methods: a case study of library visiting activities in Chengdu city, China. Professional Geographer, 71(4): 738−750. https://doi.org/10.1080/00330124.2019.1611456. DOI:10.1080/00330124.2019.1611456.

ZHANG Y, MI Z, 2018. Environmental benefits of bike sharing: a big data−based analysis. Applied Energy, 220(March): 296−301. DOI:10.1016/j.apenergy.2018.03.101.

ZHANG Y, ZHANG Y P, ZHOU J, 2021. A novel excess commuting framework: considering commuting efficiency and equity simultaneously. Environment and Planning B: Urban Analytics and City Science, 48(1): 151-168[2021-03-15]. http://journals.sagepub.com/doi/10.1177/2399808319851517. DOI:10.1177/2399808319851517.

开源中国, 2020. 新加坡将开源抗疫应用 TraceTogether 的底层技术.[2021-03-18]. https://tech.sina.cn/2020-03-28/detail-iimxxsth2224193.d.html.

智慧足迹, 2021. 智慧足迹-城市规划.[2021-03-18]. http://www.smartsteps.com/index.php.

网易科技, 2017. 中国联通智慧足迹：高速成长位置大数据服务公司.[2021-03-18]. https://tech.163.com/17/0213/15/CD5S10J900094PRL.html.

第四章

科技驱动城市治理的具体案例

DIGITAL URBAN GOVERNANCE

———

一、城市大脑

（一）背景情况

近年来，在以大数据、云计算、人工智能为代表的创新驱动发展战略的引领下，我国正从信息技术时代迈向数据时代。而通过社会治理创新赋能城市治理、助推国家治理体系和治理能力现代化逐渐成为热点，其核心是借助信息技术和数据处理技术革新原有的社会治理手段和公共服务方式，建立起共建共治共享的社会治理制度，从而起到提高政府工作效能、提升公共服务质量的目的，最终增强人民群众的获得感、幸福感和安全感。

杭州市紧紧围绕推进国家治理体系和治理能力现代化这一战略目标，在 2016 年创新性地开启了城市大脑建设工作，旨在利用交通部门的大数据，系统、科学地推进交通治堵工作。如今杭州城市大脑已完成包括公共交通、城市管理、卫生健康、基层治理等在内的 11 大系统、48 个应用场景的建设工作，日均协同数据 1.2 亿条。在新冠肺炎疫情的防控过程中，杭州城市大脑根据疫情变化精密智控、精准施策，为统筹疫情防控和经济社会发展提供了有力支撑。如今，杭州城市大脑已经实现了从经验积累到治理体系搭建再到治理体系形成三个阶段的发展，对应到具体工作中就是数字治堵、数字治城和数字治疫三个阶段。

实践证明，作为一项新的城市基础设施，杭州城市大脑是提高社会治理能力的重要抓手，是推进国家治理体系和治理能力现代化的重要组成部分。只有持之以恒地坚持社会治理创新，才能不断增进人民福祉，促进城市可持续发展，培育自由平等之社会，建立文明和谐之国家。

1. 缘起"马云迟到事件"

2010 年以来，随着杭州经济地位的显著提升和旅游业的蓬勃发展，城市拥堵也备受各界关注，来杭游客打趣称之为"堵城"。每逢节假日、阴雨天气或上下班高峰期，车辆拥堵绵延长达数千米，甚至一小时只行驶数公里。在 2012 年 12 月 26 日举办的中国民营企业峰会上，风云人物马云因为迟到被"聚焦"。央视主持人董倩向其提问："马云为何迟到？"马云致歉说："没有预计到杭州余杭区到浙江省人民大会堂会拥堵 1 小时 20 分钟之久。"余杭区位于浙江省会杭州副城区，在正常情况下，余杭到达市中心大约只需要 30 分钟。

时任浙江省委书记夏宝龙听后非常重视，随即向马云致歉："交通堵塞不是你的问题，是我的问题。""我当省长的时候做了一个决定，就是五年之内要治理浙江全省交通拥堵。这次副省长王建满连续召集各个方面进行研究，现在已经有了一个初步的想法。"夏宝龙说，"相信五年以后，马云再从余杭到人民大会堂，只需要 20 分钟。"同时，夏宝龙也表态，浙江要治理好发展经济中的"交通"问题，以后将加大政府改革力度，而这个初步想法便是城市大脑概念的雏形。2016 年，作为 5G 车联网试点项目的一个子课题，杭州城市大脑项目被引入云栖小镇进行探索建设，与此同时，阿里云创始人之一的王坚院士作为城市大脑技术总架构师领衔承接了此项目。

2. 交通拥堵成杭城首要难题

行车难和停车难，一直是困扰大城市发展的世界性问题。省会杭州，既是长三角中心城市，又是杭州都市圈核心城市，交通拥堵一直是其避不开的困境。2012 年以来，杭州交警着眼于提高城市道路通行能力，不断深挖潜力、创新做法，系统、科学地推进交通治堵工作，并在最大化调配警力资源的基础上，大力开展智能交通建设，以此作为辅助执法、治堵、治乱的重要手段。然而，由于存在城市资源利用率不足的问题，直接或间接导致了道路资源供给矛盾突出、综合治理协同性欠缺、智能交通使用不充分、数据资源难以融合应用等问题和短板，从而造成现有治堵手段无法及时、有效契合道路交通发展趋势，甚至部分创新举措在实际应用后，因交通流特征等拥堵"因子"的剧变，出现了措施持续性不强、过早"夭折"的尴尬局面。在交通拥堵这个"城市病"严重影响城市经济活动和市民日常出行的背景下，亟须交警部门在治堵手段上有重大突破。

结合夏宝龙书记提出的初步想法，2016 年杭州市开启了用大规模数据改善城市交通的探索。2017 年 10 月杭州城市大脑交通系统 1.0 版正式发布，旨在充分发挥公安交警部门的经验优势和阿里巴巴等企业的技术优势，创新理念，科技攻关，为推进城市治理体系和治理能力现代化探索路径和方法。根据《中国主要城市交通分析报告》，杭州在百城拥堵指数中的排名，已从 2013 年的第 3 位，下降到 2018 年的第 35 位（高德地图，2020）。这一数字显著下降来之不易，其中一个很重要的原因，就是以城市大脑应用为代表的一系列"智慧治堵"工作的有效展开。

3. 日益突出的其他城市问题

随着城市化进程不断加快，在给人民带来便利的同时，城市也遇到越来越多的难题，诸如交通拥堵、管理粗放、资源浪费、环境污染、百姓住房难、看病难等。传统的依靠大量人力物力投入治理城市的路径，在现代社会越发难以为继，城市转型发展面临诸多挑战。2018 年 12 月，城市大脑 2.0 综合版发布，涵盖停车、医疗、文旅、基层治理等九大便民领域。城市大脑 2.0 综合版的发布标志着城市大脑从单一的交通治堵系统扩展成为服务民生、支撑决策的综合平台，杭州的数字城市治理正式实现从单一"治堵"向全面"治城"转变。城市大脑 2.0 综合版旨在把更多部门的数据接入城市大脑，由它来统一梳理、统一分析、统一调度，从更高层面、更宽视野全面审视城市管理，通过计算使数据资源成为城市的核心竞争力，并不断增强管理者治理、应对各类"城市病"的能力。

4. 城市治理能力碎片化凸显

实施城市大脑综合版以来，通过数据治理城市成为引领经济社会创新发展的重要支撑，数据已成为城市发展的核心资源。然而在数字城市治理的探索过程中，信息系统建设各自为政的碎片化问题也越发突出，在数据出现异常时不能及时预警、辅助决策，城市管理的盲点仍然存在，"数据孤岛"的现象依然无法得到有效的解决。为解决数字城市治理的碎片化问题，实现城市治理的中枢化，杭州研发建设了数字驾驶舱系统。数字驾驶舱就是基于中枢系统的算力支撑，为城市治理提供数据化、在线化、智能化的服务管理平台。数据互联互通后，数字驾驶舱能为城市治理者实时呈现第一现场，让其掌握一手资料和舆情，通过计算比对分析，为管理者决策提供方向和参考，从而为作出科学及时的决策提供支持。2019 年 9 月 30 日，杭州城市大脑数字驾驶舱正式发布。市委书记、市长的数字驾驶舱已开发就绪，卫健、文旅、城管、财政等多个系统的数字驾驶舱已上线。

5. 新冠肺炎疫情防控和复工复产

在此次防控新冠肺炎疫情的过程中，杭州城市大脑根据疫情变化精密智控、精准施策，为统筹疫情防控和经济社会发展提供了有力支撑。在复工复产初期，杭州首创"企业复工数字平台"和"杭州健康码"。2月9日，第一版杭州健康码正式发布，这标志着杭州全市统一的数字化申报平台正式建立。借助阿里巴巴、微信两大数字平台和"政务云"平台，基于城市大脑的杭州健康码迅速推进分类化、动态化、精准化治理（史晨等，2020a；王海明，2020）。与此同时，全国一体化政务服务平台防疫健康信息码的上线也标志着这个创新正式走向全国。截至12月19日，基于杭州城市大脑的健康码，市民累计亮码、无感验码、健康服务共计45亿次（天目新闻，2020）。基于城市大脑的杭州健康码解决了政府在信息采集、信息研判方面的不足，节约了大量的治理成本，极大地提高了治理效能，提升了公共风险精准化治理。在城市运行加快恢复的阶段，杭州又探索建设了"亲清在线"数字平台。"亲清在线"数字平台依托于城市大脑中枢系统，通过流程再造、数据协同、在线互动，实现政企交流、政务服务、政策制定、政策兑现和政策效果五个方面的转变，最终实现政府服务效能提升。

（二）主要做法

1. 搭建全面覆盖的组织架构

建设城市大脑是一项高度复杂的系统工程，因此首先要做好组织架构。杭州市委、市政府高度重视城市大脑的组织架构工作，建设伊始就从全局出发，对建设过程中可能涉及的各部门、各要素进行统筹规划，以集中有效资源办大事。在总体架构上，杭州城市大脑按照党的十九大报告中提出的政治、经济、社会、文化、生态"五位一体"的总体布局，逐步建立起"五三一"总体架构体系。"五"指五个一，即打通"一张网"，做大"一朵云"，汇聚"一个库"，建设一个中枢，做强一个大脑。"三"指三个通，即要实现市、区、部门互联互通，中枢、系统、平台互联互通，政府、企业、市场互联互通。"一"指一个基础设施：即要把城市大脑建成为一个新的城市基础设施。在此总体架构的指引下，城市大脑由大脑中枢、行业系统和区县平台三部分组成，其中中枢部分又由计算资源平台、数据资源平台和算法服务平台这三个平台组成。截至 2019 年 10 月 30 日，城市大脑数据资源平台已归集数据 837 亿条，建成了交通、警务、政法、城管、房管、卫健、文旅、环保、农业、应急、市场监管等 11 个市级部门系统和 17 个区县平台，初步形成了以大脑中枢平台为核心，纵向到区县（市），横向到各部门的总体架构（见图 4-1）。

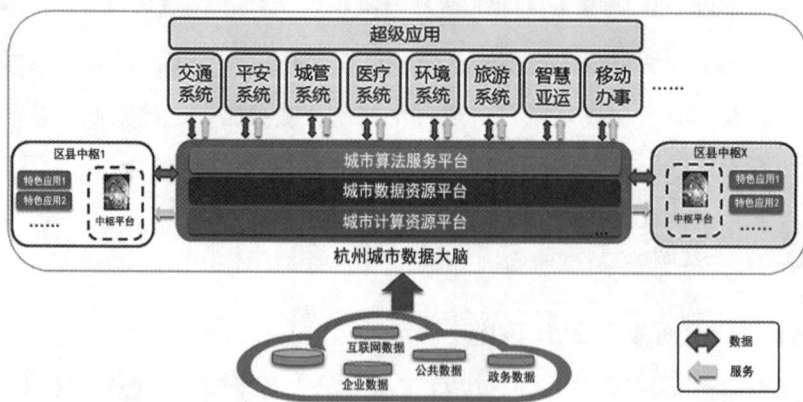

图 4-1　城市大脑总体架构

来源：人民网（2019）。

在具体架构上，杭州市委、市政府设立了城市大脑领导小组及工作专班机制。城市大脑建设工作领导小组由市委书记任组长，各地各部门主要领导为成员，下设办公室，由数据资源管理局负责日常办公。工作专班则由市级部门专班、县市专班和综合协调专班组成。专班分工明确，业务专班中的政府专员负责梳理逻辑、重构流程、提出需求，技术团队则负责技术研究、系统开发和智能实现。此外，在云栖小镇专门成立了杭州城市大脑运营指挥中心，该中心集中枢运维、指挥应用、成果展示和专班研发于一体，由市数据资源局牵头管理。共有30个工作专班正在围绕杭州城市大脑开展各项工作，除上面提及的11个市级部门专班和17个区县专班外，还有两个非常重要的专班是云栖工程院和云栖城市大脑公司。云栖工程院，作为由来自不同企业的志愿者组成的NGO部门，主要负责中枢系统的研发和数据处理迭代。云栖城市大脑公司，作为一家国有控股的公司，主要负责城市大脑日常的建设运营。在考核、例会、信息报送、工作晾晒等机制的推动和倒逼下，各专班各司其职、密切配合、高效运作，以保障城市大脑建设的各项工作能够顺利进行。

2. 打造丰富多彩的应用场景

为全方位缓解城市病，增进人民的获得感、幸福感和安全感，杭州城市大脑从惠民利民的一些小事切入，打造了一个个丰富多彩的应用场景。目前杭州市已在智能交通、便捷泊车、舒心就医、30秒酒店入住、20秒景点入园、数字旅游专线、应急防汛、叶菜基地管理、食安慧眼、电梯智管、易租房、智慧环保杭州等11个重点领域推出了诸多场景，许多新场景已经进入试点和推广阶段，并逐步优化完善。

在市级部门层面，围绕让"数据多跑路，患者少跑腿"的理念，杭州市卫生健康委员会将减少付费环节作为舒心就医的切入点之一，及时推出了舒心就医"最多付一次"服务。这项服务用"一次就诊就付一次费"取代了原来的"医生诊间、自助机多次付费"。继 2019 年 4 月 2 日第一批次杭州市 11 家市属医院实行"先看病后付费""舒心就医"后，全市陆续有 245 家公立医疗机构接入由杭州市卫生健康委员会牵头实施的"城市大脑·卫健系统"，涵盖了 38 家区、县（市）级公立医院，195 家社区卫生服务中心和 1 家省级医院（省人民医院）（杭州市人民政府，2019；浙江在线，2019）。自 2019 年 7 月 1 日起，患者在以上公立医院就医时，既可以选择在就诊结束后于院内一次性自助付费，又可以选择回家后通过手机支付医药费。该场景实现了多部门数据的协同，以优化看病流程为问题导向，最终实现的目标和载体具体清晰。

此外，杭州"城市大脑·停车系统"专班按照"便捷泊车"的核心宗旨，专门开发了首个便民服务——"便捷泊车·先离场后付费"服务。"先离场后付费"服务经过重新设计后，车主在离开停车场时不需要做任何事情就可快速通过，与传统的停车付费模式相比，大大节省了车主的离场时间。同时，在"先离场后付费"服务中，车主只需绑定一次就可实现全城通停，为市民提供了"全市一个停车场"的非凡体验。截至 2021 年 4 月，"先离场后付费"已经接入 3500 多个停车场，近 75 万个泊位，超过 200 万人正在使用（杭州政协新闻网，2021）。此外，包括西湖西溪景区 61 个国有停车场和云栖小镇等在内的停车场进一步实现"无杆"停车。"先离场后付费"场景实现了车辆管理部门的数据和金融部门的数据（支付）协同，这些信息的集成优化了停车流程，简化了管理流程。

再如杭州市文化广电旅游局针对民众反映最多的旅游过程中的堵车、

排队、等候等治理"痛点"问题，以让游客"多游一小时"为重点应用场景，推出了"10秒找空房""20秒景点入园""30秒酒店入住"和"数字旅游专线"四大便民服务。"10秒找空房"推出的"找空房"微信小程序针对节假日住宿难问题，在前端空房展示平台对接8561家酒店（人民网，2020a），实时显示酒店的空房情况，后端库存管理系统则对接PMS、OTA等平台，使游客在10秒内即可在附近找到基于实时定位和价格偏好计算得出的适合自己需求的空房。"20秒景点入园"可让游客到达景点时，免去窗口排队购票环节，使用支付宝就能在闸机上扫付款码入园。数据表明，游客平均每次入园的时间由原来的1分半缩短到了现在的20秒。目前，全市已有22个景点的闸机完成了改造。"30秒酒店入住"服务通过在酒店大堂设置自助入住机，打通了酒店PMS、公安登记、门禁、收单交易、OTA预订、酒店直销等六大系统。经此改造后，游客全程自助办理时间只需要30秒，而过去的时间约为270秒，相比之下节省了约4分钟。目前，全市完成自助升级的酒店达到75家（浙江在线，2019）。"数字旅游专线"服务通过与公交集团、微巴士等企业合作，将公交运行、铁路预订、游客轨迹等各类数据汇聚到城市大脑后，经过关联分析与运算，科学地规划专线路线，动态地调度班次时间等，探索了数据匹配资源与市场化运营的旅游交通服务新模式。当前，全市范围内已开通了22条数字旅游专线。

在区县平台层面，萧山区的"一键护航"场景通过人工智能提升急救效率，变法律赋权为科技赋能。过去，拥有法定闯红灯权利的120救护车极易引发次生事故。如今，通过城市大脑后台与交警协同，根据车的速度和位置，自动把沿路的红灯变成绿灯，平均控灯率90%，平均提速50%，平均节省时间30%（人民网，2019），打通了保障人民生命安全的绿色通道。

再如江干区^①的城市大脑东站示范区建设，已建成并上线数字旅游专线、停车资源优化、交通组织优化、垃圾计量清运、智慧电梯等 5 个场景的应用。其中，"数字旅游专线"为前往西湖景区的游客平均节省 40 分钟，停车资源优化使地下停车场泊位指数从 2.5 提升至 3.3，智慧电梯为政府节省投资 11.9 万余元（浙江新闻，2019）。

3. 促进政府部门的协同合作

杭州城市大脑在实践探索中逐步确立并致力完善"党委领导、政府主导、社会协同、公众参与、法治保障"的社会治理体制。以市委书记任组长、各区县各部门主要领导为成员的城市大脑建设工作领导小组，其主要职责就是抓部门协同。新成立的杭州市数据资源管理局作为牵头单位则具体负责协调下设 30 个工作专班之间的分工协作。各部门在合作过程中难免会发生意见分歧和利益冲突，如果坚持各自立场，互不让步，工作就很难推进。事实上，如何创新机制体制，让各部门之间精诚合作，共同为城市大脑建设群策群力，是一件比技术上攻坚克难更具挑战性的事，也是考验治理体系和治理能力能否实现现代化的关键命题。据不完全统计，杭州原有 52 个政府部门和单位共建有 760 个信息化系统项目，形成一个个数据孤岛，部门间数据不相往来，甚至同一个部门内部不同业务线也不相通。杭州城市大脑突破了传统意义上的各类数据共享与数据汇聚，建构起一个城市量级的超级数据协同中心（超数协同中心），为政府各部门开展协同治理提供了一个中枢化的解决方案。通过中枢系统提供数据服务和算力服务，极大提升了全市数据和系统的协同能力，也避开了传统意义上智慧城市建

---

① 2021年3月11日，原江干区划入钱塘区和新的上城区。

设"中心化"或"中台化"的各类问题。

除了在社会治理体制层面的创新，杭州城市大脑也以"数字驾驶舱"为抓手在数据整合方面实现了新的突破。在传统的政府工作中，会遇到因为层层汇报带来的信息失真等问题，杭州城市大脑数字驾驶舱的发布很好地解决了这一问题。数字驾驶舱是数据化、在线化、智能化的城市治理操作平台，由城市大脑中枢系统提供算力支撑，通过将城市运行的各类数据打通、融合、计算，实现城市运行各项指标的横向贯通、纵向比较、在线监控和智能预警，为城市管理者呈现第一现场、提供决策依据和实现指挥管理。数字驾驶舱从市级平台到区县（市）、部门到乡镇（街道）基层平台，可以通过中枢一键到达。通过"一整两通三协同＋直达"的中枢架构，数字指标体系缜密计算、层层关联。数字驾驶舱严格区分使用权限，根据城市管理者不同的岗位和层级，提供相应数据内容和个性化界面。目前，城市大脑按照市级、部门系统、区县平台和街道平台四大类，启用 42 个数字驾驶舱，每个驾驶舱同时具备大屏版、PAD 版和手机版三种版本，全面支持移动办公。"用一部手机治理一座城市"在杭州率先成为现实。

4. 联通政府市场的多元治理

在传统以政府为单一主体的社会治理模式下，政府和民众自上而下单向沟通。而在杭州城市大脑的赋能下，借助云栖工程院的中枢处理系统、云计算等新一代信息技术工具和社会性网络服务，企业、市民参与社会治理已然成为一场城市创新运动，使政府和市场得以合作和双向互动沟通，产生协同效应，同时处理方式也从传统被动式的问题应对逐步转向主动式的指挥导引。

通过前期探索与实践，城市大脑建设已经形成了政府提供场景和需求，与企业团队共同研究的政企合作模式，形成了一批经验和成果。近年来，杭州大力实施数字经济一号工程，涌现了阿里云、海康、大华、中控等一批优秀企业。这些企业具有国际化视野，技术在全球也处于领先地位，它们积极参与到城市大脑建设中来，提供了必要的人才支撑和技术保障。以杭州市市场监管局智慧电梯和城市管理委员会便捷泊车为例，前者通过政企合作，将商业综合体、写字办公楼等社会电梯纳入政府实时监管体系。市场监管部门通过集成监察检验数据，实时智能掌控电梯维保、检验状态，保障各社会电梯有效可控；通过故障数据分析和运用，实现提前预警和精准监管，一旦市民被困电梯，通过智能派单、就近派遣、救援轨迹实时展示等智能服务，保障市民上上下下的安全。这些措施以民众人身安全为根本，以民众第一时间的现实需求为导向，从一般的发现问题、解决问题到如今的企业数据接入公共部门，人人参与社会治理，较好地增强了市民获得感、幸福感、安全感和城市的主人翁意识。

为解决停车付费繁、离场难的问题，城市大脑停车系统以打造城市级停车服务平台为目标，在全国先行推出了"先离场后付费"的便捷泊车服务场景。便捷泊车服务是市城管委委托杭州城云公司开发并嵌入城市大脑的一项场景，本身就是政企合作下的产物。杭州城市大脑通过大数据分析运算，实现了私人停车场库的信息有效整合，为全市域范围内的停车资源的有效配置和车主的便捷泊车提供了可能。在这之中，无论是负责停车场库运行的物业公司还是背后的技术设备公司，均参与了现实的社会停车治理，提高了泊位资源的分配效率，凸显了城市大脑在城市智能化治理中的"中枢"作用，为多元主体广泛参与提供可行路径。

此外，城市大脑在新冠肺炎疫情防控过程中为政府、市场和公众主体的高效互通和协同提供了有力的保障。在疫情暴发初期，得益于城市大脑的建设基础，杭州在第一时间建立了卫健警务疫情防控联合系统和疫情驾驶舱，将确诊人员名单、疑似人员名单以及疫情发生地点等信息准确记录并向公众发布，通过部门协同和技术手段确保疫情信息的时效性，有效消除了前期的社会恐慌。在复工复产初期，首创"企业复工数字平台"，及时服务企业复工，推动全市24万家企业、300多万名员工在线注册；迅速谋划开发"杭州健康码"，实现了"健康证明数字化、人员管控精准化、全市出行便捷化、企业复工高效化"。在城市运行加快恢复阶段，搭建"亲清在线"数字平台，实现企业诉求在线直达、事项在线许可、政策在线兑付、服务在线落地、绩效在线评价。平台自2020年3月2日上线以来，截至12月19日，已上线惠企政策303条，兑现资金71.5亿元，惠及269万家企业，79.9万名员工（天目新闻，2020）。在经济社会秩序全力恢复阶段，创新开展云招商、云招聘、云签约等云服务，吸引10万多名人才在线面试。由于杭州在城市大脑建设过程中奠定了较为现代化的运行基础，把技术做得很实在，每个数字都很精准，所以数据结合具体场景可以快速应用于疫情防控等公共服务领域，进而更好地辅助领导决策、有效调配公共资源，最终达到提高社会治理成效的目标。

（三）取得成效

在短短几年内，杭州城市大脑从无到有，从全力建设到广泛应用，都走在全国乃至世界的前列。城市大脑在应用过程中取得了非常明显的成效，主要体现在以下四个方面。

1. 有效增进人民福祉

城市大脑建设牢牢抓住惠民便民利民服务的关键，从民生实事入手，不断拓展便民惠民场景应用，让市民有真真切切的获得感。城市大脑是践行以人民为中心的发展理念、提高人民生活品质的有效抓手。通过融汇各类数据资源、借助智能算法和自我学习，城市大脑促进了基础设施数字化改造，促进了民生服务数字化转型，也促进了政务服务数字化升级，为人民群众提供了更加普惠、更加便利、更加快捷、更加精准的公共服务。城市大脑进一步发挥数据作用，让数据通过全面的融合运算，产生"化学变化"，为企业、市民提供更加精准的服务，将大家找政府办事的传统模式转变为政府主动为市民提供服务，有效提升了人民福祉。

2. 全方位缓解城市病

城市大脑践行了习近平总书记建设新时期新型智慧城市的指示要求，通过打通政府内部、政府与社会的数据资源，借助人工智能、大数据技术，为优化公共资源配置、宏观决策指挥、事件预测预警、治理"城市病"等提供支持。目前杭州城市大脑已形成涵盖城市管理全方位的综合管理平台，建设了包括智慧交通、智慧城管、智慧旅游、智慧政务、智慧医疗等一系列智慧应用场景，在缓解"城市病"、提升杭州市城市精细化管理与服务水平、提高市民生活品质等方面取得了良好的成效。另外，城市的精细化管理也提高了公共资源的使用效率，从而有效降低了城市中心区的拥挤程度和环境治理成本。如利用城市大脑，杭州上塘高架路22公里里程的通行时间平均节省4.6分钟，约为10%；萧山区104个路口信号灯自动调控，车辆通过速度提升15%，平均节省时间3分钟。截至2020年，杭州市常住人口已达1193.6万人，机动车保有量311.9万辆，有101公里城市快速路、

210 公里地铁正在全面施工，全市可供通行的道路面积减少近 20%，但是在城市大脑的帮助下，道路平均通行速度却提升了 15%（中国共产党新闻网，2020）。

3. 提升城市文明程度

"让城市会思考，让生活更美好"的城市大脑，在不断提升城市智能的同时，也催生了新的城市文明。杭州市早在多年前便将机动车礼让行人写入法律条文，形成了礼让行人的良好交通秩序。而这只是众多社会秩序中的一个缩影，凡此种种秩序皆为杭州城市大脑的推广铺路奠基，形成社会示范效应并被大众所接纳和执行。在形成了秩序基础和社会契约精神的前提下，杭州城市大脑在大数据的驱动下，更好地对社会治理水平和体系进行提升，进而提升整座城市的文明程度。杭州是全国第一个实施"无杆停车场"的城市，第一个实现"急救车不必闯红灯"的城市，第一个利用数据计算后有序放宽"限行措施"的城市，第一个利用"延误指数"作为交警 KPI 的城市，第一个创设"数字公园卡"的城市，第一个实现"入园、入住无须排队"的城市，第一个实施"医后最多付一次"的城市。

4. 助力杭州数字经济

截至 2020 年，城市大脑已接入杭州全市 116 个部门、17 个区县市和镇街、317 个信息化系统项目（中国共产党新闻网，2020）。20 家公共服务运营商的 771 亿条数据实时汇聚到城市大脑数据协同中心，4500 个 API 数据接口接入中枢系统，每天平均协同数据 1.2 亿多条（中国青年报，2019）。真正意义上破解了数据孤岛和信息碎片化问题，优化资源配置水平和资源使用率。作为云计算、大数据、人工智能的技术集成创新，城市大脑是深度连接和支撑杭州数字经济、数字社会、数字政府协同联动发展的综合平台，有助于加快数字产业化、产业数字化、城市数字化"三化融合"发展，为数字经济发展打开了新的通道，形成了新的增长点。城市大脑也为产业升级和创新提供了平台，随着杭州城市数据大脑的不断迭代完善，围绕城市数据大脑汇聚的数据资源将不断催生出有价值的行业应用，引导创业企业利用数据资源不断创新，加快推进创新成果转化。

（四）经验启示

习近平总书记在党的十九大报告中明确指出，要加强和创新社会治理，建立共建共治共享的社会治理格局，不断满足人民日益增长的美好生活需要，不断促进社会公平正义。而杭州城市大脑正是社会治理在城市维度的最佳创新实践，值得深入研究和高度关切。

城市大脑以资源整合和信息共享为支撑，推动城市治理从线下转向线上线下融合，从单一部门监管向更加注重部门协同治理转变，为政府精准决策和高效治理提供了强大的技术支撑，有效提升了城市治理能力和水平，赢得了城市居民和社会各界的广泛好评，得到人民日报、新华社、中央人民广播电台、中央电视台、中央国际广播电台等媒体关注和报道，也收获了求是《小康》杂志社的"2018 年度中国十大社会治理创新奖"。

作为新生事物和一项基础设施，杭州城市大脑建设当前仍然处于起步阶段，要认清不足，持之以恒推进。而对于部分正在建设城市大脑的城市，杭州在先行先试中解决了部分实际问题，可为其提供一些可复制、可推广的实践经验。

1. 以民为本是城市大脑的初衷使命

城市大脑的核心设计理念是以人民为中心，通过数据赋能，让百姓有获得感，实现便民惠企，让人民群众爱不释手、企业可亲可感。坚持数据资源"取之于民、用之于民"，突出问题导向、需求导向，主动回应市民与市场主体需求，精心打造触摸城市脉搏、感受城市温度、享受城市服务的各类应用场景，有效解决了城市治理的"痛点""堵点"和群众反映强烈的"热点""难点"，以"小切口"推动"大变化"。提升了城市治理能力和公共服务水平，增强了人民群众的获得感、幸福感和安全感，真正成为可观可感、可用管用、利民惠民的民心工程。

2. 数据算法是城市大脑的基础条件

大数据支撑是城市大脑的立身之本，算力算法是城市大脑的关键要素。城市数字化治理必须以政府公共数据平台为基础，大力推动多元数据双向对接与开放；并经过科学的算法模型和强大的算力处理，才能有效实现数据融合创新，形成对城市运行状态的整体感知、全局分析和智能处置。作为城市治理系统的人工智能中枢和开放运营平台，城市大脑通过大脑中枢、部门系统、区县平台"三位一体"架构体系，实现跨区域、跨层级、跨领域的数据归集和互联互通，在算力上支持全市多源异构数据即时连接、调度、处理，在算法服务上支持主流深度学习框架和算法组件以及一体化算法管理，智能生成城市运行系统的核心指标和关键数据，有效实现不同领域、不同层级数字驾驶舱的实时在线和全局协同。

3. 自我改革是城市大脑的内生动力

城市大脑使政府经历了从"权力"治理向"数据"治理的转型，从"经验"决策向"智慧"决策的转型，从"静态"管理向"动态"治理的转型，而根本上是对自我的不断改革，以破除固有的部门壁垒和垄断利益。大数据通过信息和数据共享对行政流程加以优化，提高了行政服务的效率，例如

"便捷泊车"改革就是基于打通信息孤岛的政务实践，有效破除特权阶级利益、优化公共服务流程，体现了信息共享的内涵。同时，政府刀刃向内的自我革命和共享信息化建设有助于增强公民对政府的信任感，提升政府的公信力，为构建新型智慧城市建立信心、夯实基础。

4. 政企结合是城市大脑的外在推力

城市大脑是一项十分复杂的系统工程，关键在于有为政府和有效市场协同发力。在推进过程中，杭州市委、市政府在规划引领、统筹协调、政策扶持、应用示范等方面充分发挥了主导作用，同时破除单一的政府投资模式，组建云栖城市大脑科技（杭州）有限公司，成立资金规模 20 亿元的"杭州城市大脑产业基金"，引入市场化运作机制，探索形成了政府提供场景、企业协同创新、资源优化配置的智慧城市新模式，努力构建"共建共治共享"的社会治理新体系。

二、健康码

（一）背景情况

2019 年 12 月以来，湖北省武汉市部分医院陆续发现了多例有华南海鲜市场暴露史的不明原因肺炎病例，证实为 2019 新型冠状病毒感染引起的急性呼吸道传染病。虽然新冠肺炎在 2019 年 12 月被发现，但是直到 2020 年 1 月 20 日钟南山院士证实"人传人"后才受到高度关注。2020 年 2 月 28 日，世界卫生组织将新冠肺炎疫情的全球传播风险和影响风险级别从"高"上调为"很高"。此后，全球疫情形势进一步发展。根据世卫组织每日发布的疫情报告，截至 2020 年 3 月 10 日，波及全球 110 个国家和地区。在这一背景下，世卫组织总干事谭德塞于 3 月 11 日通报，考虑到当前疫情发展速度和对部分国家、地区响应程度不足的担忧，宣布本次疫情已构成"全球大流行"（人民网，2020b）。

2020 年 2 月中旬，随着我国新冠肺炎防疫工作的推进，推动复工复产已成为一项重要而紧迫的任务。在劳动力大规模跨区域流动的条件下，如何快速精准地掌握海量复工人群的健康状态、行动轨迹、接触人群等关键信息成为分类有序复工复产的关键。以健康码为典型代表的数字防疫措施在此背景下应运而生，并发挥了巨大作用。

当时和全国其他地区一样，余杭区采取的防疫管理方法是卡口人员管控，填写纸质表格，然后逐级汇总。基层填表的压力和便利化的需求反映到了区里，在 2 月 4 日下午的部署会议上，余杭区政府明确提出要建设一套数字化方案，强调"全人群覆盖、全流程掌办、全领域联防"。图 4-2 显示了杭州健康码的发展时间线。

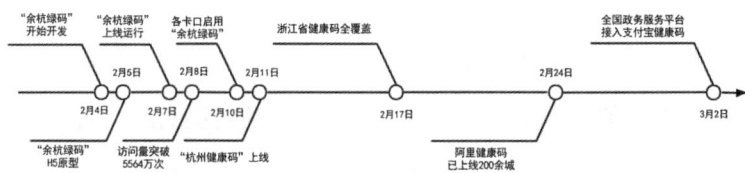

图 4-2　杭州健康码的发展时间线

来源：史晨等（2020a）。

2 月 4 日晚上，余杭区组建了 10 人协同开发团队，技术团队包括阿里巴巴和一家小型科技企业"码全科技"。在 12 小时后，也即 2 月 5 日凌晨5 点，码全科技的方案胜出，这就是"余杭绿码"的原型——一个带有初步审核功能的移动端 H5 网页。通过自主申报个人及行程信息，可以取代传统纸质证明和现场信息登记；同时还可以在后台数据库中进行真实性审核，判定有无疫区和高危人员接触史。自此"余杭绿码"也成了一个真正意义上的治理创新，并上报杭州市与浙江省政府（史晨等，2020a）。

2月11日，浙江省用"红黄绿"三色二维码作为数字化健康证明，在公共场所实行健康码出行制度，居民和来杭人员可使用钉钉或支付宝等市场应用领取健康码，凭码进出高速路口、小区等公共场所。2月16日，在国务院办公厅的政策指导下，腾讯、阿里巴巴等互联网龙头企业开始参与全国一体化政务服务平台疫情防控健康信息码建设，助力各地区疫情精准防控和分类有序复工复产。2月25日，国务院应对新型冠状病毒肺炎疫情联防联控机制印发《关于依法科学精准做好新冠肺炎疫情防控工作的通知》，鼓励有条件的地区推广个人健康码等信息平台，全国率先复工的18个省份中，有八成开通了健康码。3月2日，全国一体化政务服务平台防疫健康信息码在支付宝小程序上线，标志着这个创新正式走向全国（浙江日报，2020）。

在抗击新冠肺炎疫情过程中，健康码对人员流动管控与企业复工复产发挥了至关重要的作用。健康码作为数字治理的典型实践，通过数字技术创新应用，打通了数据采集、模型算法、赋码应用的全链条，极大提高了疫情防控效率，不仅在疫情防控中发挥了不可替代的作用，更成为我国数字社会治理的重要实践，向全世界展示了我国的数字治理能力。

（二）主要做法

1. 技术赋能动态治理

健康码出于风险预防的信息需求而产生，技术赋能动态治理是健康码最主要的做法和特色之一。技术赋能包括但不仅限于技术方案，它蕴含着借助技术方案赋能、助力管理效率优化的制度性含义，还蕴含着地方政府主动创新的作为，真正在满足应急需求和实现政务服务创新的动态过程中起到了驱动作用。健康码以"个人自述、建库比对、时空筛查"为依据，运用大数据技术进行"首次即时计算、每日定时计算、动态实时更新"，自动生成反映个人健康状况的码色。健康码依托微信、支付宝等平台实行"绿码—黄码—红码"三色动态管理，其外化为彩色二维码，但又不限于二维码。二维码仅是健康码应用的系统前端和信息入口，完整的健康码应用是一个包括前端、云计算、交互界面、算法决策后台、业务场景在内的平台系统（见图4-3）。

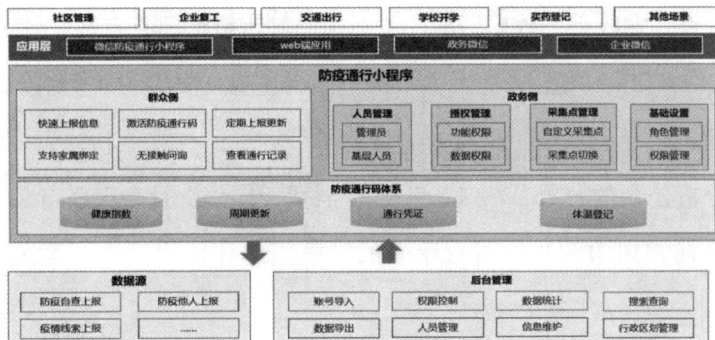

图4-3　健康码的技术架构

来源：澎湃新闻（2020b）。

健康码发展也很好地体现了动态治理的理念。健康码上线之初也有各种咨询、"12345"求助和投诉问题。随后，自支付宝、阿里云、钉钉等各个产品线的技术团队，帮助政府排查问题、整合数据、调整算法，从而快速改进判定精度。这些从电子商务领域迁移过来的成熟技术，比如应对"双十一"巨大访问量和网购"秒杀"的能力以及针对用户精准推送广告的技术被迅速移植到健康码应用，从而实现对治理场景的赋能。这些经过标准化封装后的技术能力被称为"中台能力"，通过将"中台能力"赋能在此前电子政务项目已经建好的数据库等"后台"之上，搭建一个能更灵活服务"前台"业务需求的"政务中台"（史晨等，2020b）。在此过程中，政务应用和场景不断得到优化升级，实现了动态治理。

2. 多元主体协作治理

健康码的推出和实施是政府、市场主体、社会组织和公众多元力量协同的努力。在健康码的推行过程中，政府部门作为主要推动力量。杭州市组建了健康码平台开发运行专班。专班由市委办公厅牵头总协调，市卫健委、政法委、发改委、数据资源局、经信局等市级部门各自选派骨干参与，下设综合协调组、数据质量组、问题复核组、规划发展组4个组，协同推进杭州健康码专项工作。政府主体肯定了市场主体在规范和约束的框架内采集、分析公众的位置、活动、生产、消费、娱乐、社会关系等公共数据用于疫情防控风险评估，对健康码的迅速落地和使用发挥了至关重要的作用。

在健康码发展的过程中，市场主体的技术优势得以发挥，平台企业、行业协会、社会团体等积极探索数据开发的新技术、新方法，深度挖掘和分析结构化、非结构化数据，提高了数据利用价值，增强了风险识别与预警的科学性和准确性。余杭区一家小型科技企业"码全科技"的方案是"余杭绿码"的原型。此外，阿里巴巴的技术支撑为杭州健康码的正式上线提供了重要保障。依靠支付宝平台的数据积累，健康码不再需要手工填写姓名、身份证号和手机号码等信息；阿里云为政府数据的跨库比对提供了云计算支持，贯通了手机漫游、卫生、交通、人口等不同的数据库，实现了自动审核赋码（见图4-4）。

此外值得注意的是，在健康码落地后，在具体的宣传和执行方面，社区起到了极大的作用。此外，健康码的实施，也依赖于公众的支持和参与。公众支持健康码平台对个人信息的采集和运用，特别是个人在网络空间的数字化信息，并如实参与了个人信息申报。这是健康码得以推行重要的助力，没有公众的支持，健康码难以取得积极的实效。健康码，其推动、落地、实施，是政府力量、市场力量、社会力量、个人力量以其各自的优势参与公共风险治理的过程（王海明，2020）。

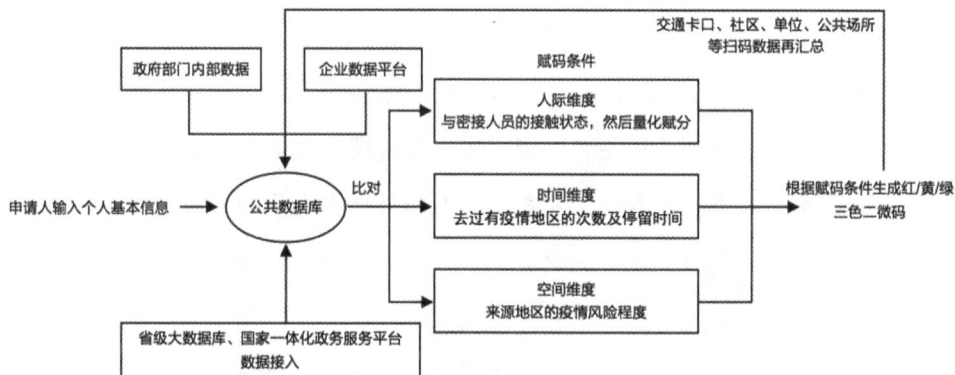

图4-4 健康码数据流通及赋码流程

来源：高萍等（2020）。

3. 跨域整合流动治理

健康码在运行初期，仅限于本省内的通行，不能实现跨省互认。由于各省相对独立的健康码系统，外出务工人员需要在不同地方申领多个健康码。由于各地的健康码生成标准不同，微信和支付宝两个平台的健康码信息不互通，因此在一些地方出现了"码上加码"等问题，使得应急创新受到掣肘。为解决这一问题，各地开始推进健康码的跨域互认。首先，人口流出地和人口流入地之间最快明确健康码互认。河南有大量人员在浙江工作，为解决员工返岗问题，浙江与河南最早签订了健康码互认协议。其次，城市群内部更快推进互认。3月，长三角区域合作办公室提出上海"随申码"、江苏"苏康码"、浙江"健康码"、安徽"安康码"实现业务互认和数据共享。2020年12月10日，国家卫健委、国家医保局、国家中医药管理局联合发布《关于深入推进"互联网＋医疗健康""五个一"服务行动的通知》，明确要求各地落实健康码统一政策、统一标准、全国互认、一码通行（央广网，2021）。3月23日，国家卫生健康委员会在发布会上宣布，全国基本实现了健康码的"一码通行"，为跨域流动治理扫清了障碍。

流动治理摆脱了地域制约，依赖信息技术将线下治理转移到线上，通过网络平台将各个利益相关者组织起来。与传统治理不同，流动化治理既充分保障流动人员的治理权，强调本地人与外地人之间的共享和参与，又强调政府对地域内外权力和资源的整合，将治理的重点放置在城市内部、城市之间，以及不同组织之间的网络联系上。在流动治理下，健康码不针对特定地区的所有人群，有效防止特定地域人群的污名化。但在实践中，申请人权利保障仍有不足，其颜色分类和行为限制可能在事实上造成歧视。为此，通过及时的"平战转换"，在疫情形势有所缓解的阶段，许多地区开始探索将健康码纳入社会常态治理，弱化其监控和管理职能，增强公共服务色彩，尽可能成为技术为公众赋权的工具。

4. 应用延展常态治理

随着国内疫情趋于缓和，健康码开始从应急性策略向常态化治理转型，其功能逐步从疫情防控转为公共服务。由于健康码使用人数较多，且对接社交平台和支付平台，一些城市提出可以将其作为城市公共卫生医疗体系优化的重要部分，将口罩购买、疫情线索上报、发热门诊导航、医院空余床位查询、在线免费问诊等多项生活场景接入健康码，为市民带来便利。也有城市将健康码应用于交通领域，推行健康码与乘车码的对接。健康码也快速迭代技术，推出国际版健康码、学生复学码、企业复工码、居民消费券等多项服务，为疫情后期在华外籍人士的疫情防控管理和服务工作、复学、复工复产以及提振消费提供创新实践（单勇，2021）。

2020 年 2 月 21 日，杭州健康码实现与电子健康卡、社保卡的互联互通。患者无须携带实体就诊卡和纸质病历本，通过一个二维码就能实现挂号就诊、检验检查、取药、开电子发票等就诊流程。5 月 15 日，杭州市召开了健康码长效运行推进会，规划了网上签约、网上预约、互联网诊疗报告查询等"互联网＋医疗健康"服务（史晨等，2020b）。广州"穗康码"作为电子身份证明使用，上海将"随申码"定位为市民工作、生活的随身服务码，浙江启动了个人信用码与企业码试点。从危机模式过渡为常态治理模式的过程中，健康码衍生出了 2.0 版本，它不仅作为人口登记复工复产的技术工具，还发展为日常化的公共服务平台带动城市治理的新一轮创新。

（三）取得成效

1. 助力社会秩序恢复

从宏观层面看，健康码解决了在局部地区发生疫情、推进复工复产等背景下人们跨区安全有序流动问题，降低了疫情扩散的可能性，缓解了劳动力市场供需压力，同时也使各地政府能科学研判区域内人员的整体健康情况以及疫情的传播情况。从微观层面看，健康码便利了个人出行，有助于企业有序调动健康员工复工复产，学生复学，从而推动建立与疫情防控相适应的经济社会运行秩序。

一是减少"表格抗疫"，便利个人出行。新冠肺炎疫情暴发初期，各层各级单位的表格往往需要及时多次重复填报。健康码可以实现一次线上填报，多次多处使用，大大减少给个人带来的烦扰以及对基层工作人员带来的压力。电子版的健康码取代纸质的出入证，既环保又便捷，可以简化过关检测手续，实现"一码通全城"甚至是"一码通全国"。个人出入小区、工作单位、商场、宾馆、餐馆、火车站等众多不同的场所，不用每次填报相关表格或提供相关证明，不仅节约了时间，减少了人员聚集的传染风险，而且有效解决了复工复产复学"出入难"问题。

二是提高新冠肺炎联防联控效率。健康码的出现有利于在数据基础上的决策、管理和创新，已经成为助力国家治理能力和治理体系现代化的途径之一。扫码上报健康信息，有利于相关政府职能部门进行实时监测管理，提高统计效率。通过统一健康码标准，有利于解决各种表格填报范围不同、数据不一致、交叉不可用等问题，可以减少大量人力、物力成本。充分运用健康码大数据技术抗击新冠肺炎，有利于大大提高联防联控效率，实现精准施策。

三是便于复工复产复学管理。随着新冠肺炎疫情的不断好转，全国大规模复工复产复学必将全面展开。通过健康码，企业、大中小学等单位可以及时有效掌握本单位员工、师生的健康信息，可以采取有针对性的精准联防联控措施，避免复工复产复学后聚众传染导致新冠肺炎疫情的再次暴发。

2. 增强要素组织能力

常态下的传统社会治理基于科层制，强调自上而下的政策执行。在协同治理下的以健康码为代表的智慧防疫则更加重视网络联系，强调跨部门的协同并打破组织间壁垒，从而提升要素组织能力。这种组织能力，在健康码走向成熟和扩散的过程中发挥着关键作用。其中最明显的体现，就是浙江省此前机构改革中设立的、覆盖省市县（区）三级的数据资源管理局。区一级的"余杭绿码"只能调用有限的交通行程信息，相比之下通过市一级的协调，"杭州健康码"可以调用三大电信运营商的漫游数据，从而判断人员是否经过疫区或在其他高风险区域逗留。这大大丰富了人员的数据画像，简单的升级却符合流行病学最核心的规律。杭州市数据资源管理局还通过与相关业务部门的协同，连通了其他几个原先分割的数据系统，包括卫健委掌握的确诊和疑似病例、交通部门掌握的密切接触范围、公安部门掌握的流动人口数据等。

从健康码酝酿、推出、执行整个治理过程来看，集中体现了杭州地方政府在治理力量方面具有非常强的统筹协调能力。地方政府主导但并不包办公共风险治理——面对疫情防控、复工复产极为紧迫的形势，在治理这个综合、持续的过程中，市场主体、社会组织、公众协同参与，共振互动。

在政府主导下，通过多元协同，杭州地方治理实事求是、统筹优化、协同创新，推出了极具推广价值的治理举措。

3. 提升数字治理水平

健康码作为疫情防控期间政府采集公民信息的一个重要手段，对于公民而言仅仅是一个自动化的填表工具和在线化的健康证明，但对管理机构而言，这是一个实时追踪居民健康状况、掌握重点人群出行轨迹的 SaaS 系统。以往管理机构查阅个人历史行程的方法需要从堆积如山的文件中，由人工通过记录筛选逐条拼凑出个人的完整出行轨迹，在拼凑的过程中难免会出现疏忽缺漏，导致轨迹记录出现不完整的情况。到了大数据时代，政府可以利用健康码等数字化技术手段，在各个行政管理区域推广普及健康码出行制度，每一次扫码行为都会标注出操作人的地理位置信息，管理机构可根据时间、空间等顺序，完整高效地绘制出人员出行轨迹画像，更方便地进行后期的追溯与管理（中华人民共和国民政部，2020）。

此外，健康码的出现推进了传染性疾病监测、医疗卫生等领域的数字化转型，加快了疫情监测、物资保障等领域的数据互通，夯实了疫情防控的数据基础。同时，通过前端数字化协同与终端数据一端多用，加速多主体协同与多场景应用。

推动健康码等数字创新应用进一步向办公、就医等生产与生活场景拓展，丰富数据来源与维度。发挥市场主体的技术优势，引导和鼓励平台企业、行业协会、社会团体等积极探索数据开发的新技术、新方法，深度挖掘和分析结构化、非结构化数据，提高数据利用价值，增强风险识别与预警的科学性、准确性。

4. 创新社会治理机制

在多类型的数字化治理应用情境下，健康码为整个社会治理提供了一种新型的治理手段与数字化技术平台，同时也创新了城市、乡村、社区、企业等不同形态的社会组织参与公共事务的治理机制，为政府精准公共服务的实现提供了现实物理载体与虚拟数据空间支撑。从部门协同到基层社区防线的打造，再到多元目标的平衡，健康码成功解决了很多公共卫生管理难题。随后通过不断发掘健康码的数据价值，不断拓展应用场景，完善数据保护措施，延展为常态化治理，为线上公共服务、社会治理等提供了发展契机，适应了国家治理现代化的新趋势（单勇，2021）。

此外，健康码的延展还为数字政府变革提供了平台入口，通过叠加应用场景和关联更多数据，可将大多数国民纳入政府平台，从而推动了线上回应型政府和服务型政府的崛起。健康码作为个体数字信息的综合集成体，旨在最大程度利用数字技术优势，将数字科技作为全新要素融入传统社会，促进经济社会形态积极转型。健康码的迭代升级植根于政府打造的物联网平台，以民众个体为单位，在确保安全性和个人隐私的前提下，将社会保障、健康保险、医疗教育、通信交通等公共服务信息与个体健康状况信息相融合，推进"多码融合"，促使健康码从疫情防控时期的社会管理工具逐渐转变成后疫情时代提供数字公共服务的工具。健康码所承载的数据以及技术手段和蕴含的创新思维，很好地服务了"战疫"和日常社会治理体系的建设。

（四）经验启示

1. 立足以人为本是健康码的根本

以人为本、用户导向的思维是健康码的立身之本、信用之基。之前一些地区出现的"码上加码"、一刀切等问题的核心原因就在于，政策制定者只从自身管理方便的角度出发，而背弃了以人为本的出发点和落脚点。健康码的目的是确保疫情防控中的公共健康安全，针对疫情防控中高风险地区群众出行，主要应着眼于精准识别和管控风险。当越出维护公共安全的边界，就需综合评估、审慎对待。

首先，数据鸿沟的问题值得关注。尽管扫健康码出行具有成本低、覆盖率广、效率高、可追溯的优点，无论是对于防止人群聚集、掌握防控数据还是做流调都大有意义。但是对那些不熟悉智能手机操作的老年人来说，掌握智能手机的健康码申请、扫码等能力具有很大的难度，强行要求老人学会扫健康码既不灵活也不现实。一直以来，各地常有老年人因不会扫码而无法进入超市商场、无法乘坐公共交通的新闻出现，有时还会因此与防疫人员起冲突。

其次，在人工智能和大数据飞速发展的大环境下，人工智能在许多方面都有着比人类更为优异的表现，但在任何时候都应该牢记技术服务于人，作为保障人的基本权利的最基本形式，人工方式的诉求应该保有最基本的地位，不能将决策权完全交予机器，应加强人工复核和实时监督，确保决策的全程有人的参与，以保证不会出现技术异化的情况。因此，只有既从管理者的角度不断完善，又站在群众的角度换位思考，尤其是把握好社会治理与数据安全的关系，才能真正实现以健康码为代表的数字治理方式的善用和良治。

2. 破除信息壁垒是健康码的基础

政府作为社会治理的主要力量，其掌握的信息数量更多，拥有的资源更丰富，而公众、企业、社会组织由于其主体特性，能够得到的信息非常有限，倘若政府与其他主体缺乏沟通协调，就会产生"信息孤岛"等障碍。数字化治理是一种治理理念的转型，它不仅仅是构建一种技术平台或运用一种技术工具，更是实现社会协同治理的重要手段与工具。杭州市"数字战疫"体现出数字技术通过协同更多的社会力量，不仅能够提升行政效率和效果，也将推动社会协同治理体系的数字化创新。

如何使政府所拥有的数据优势发挥最大作用，关键在于实现政府数据开放、信息共享。数字化治理通过互联网技术，可以更好实现信息公开，从而使原本碎片化的信息得以汇聚，各部门之间形成信息共享平台。

首先，要建立主动规范的数据开放机制。要明确数据开放领域，对包括重大疫情在内的突发事件，应当保证相关数据开放的及时性、准确性与完整性，并根据实际需要动态更新数据。以数据集中汇聚和开放应用为重点，制定数据分类分级标准、数据开放平台载体、数据质量管理等方面的制度规范，加快推动突发公共卫生事件相关数据向社会开放和应用。

其次，要建立政企互动的数据共享机制。信息共享能够减少政府与企业、社会、公众之间的信息不对称，从而推动社会力量发挥治理作用，提高社会需求与治理能力之间的匹配度。要推动数据要素市场化配置，重大疫情等突发事件数据收集存储及数据平台的建设等核心工作可由政府主导开展，而数据资源开发利用等工作则应支持和鼓励市场力量充分参与，最大限度发挥数据的潜在价值。

最后，明确各主体的权责定位，政府应当从全局视角出发，强化相应的保障政策和法规；企业重点在于发挥技术研发和应用的优势，创新大数据技术、提供多样化的数据产品；社会公众通过数据产品的使用参与应急管理，以完善数据共享的反馈机制。

3. 保障数据安全是健康码的关键

推动数据资源向社会开放的同时，仍需重视数据安全，对政府来说，一方面需要通过大数据平台加强数据共建共享来实现协同治理模式，另一方面也要通过大数据平台加强对数据的监测，对错误数据、虚假数据等资源进行规制，从而避免数据滥用引发的社会问题。要构建起包括基础系统层面、数据层面和应用层面的大数据安全框架，从技术保障、过程保障和运行保障等多维度保障大数据应用和数据安全，防止疫情防控过程中的数据泄露。强化数据安全保护意识，开展个人隐私保护知识宣传，谨防数据泄露对推进数字化疫情防控工作带来的抑制作用。以健康码为代表的数字治理方式和手段应切实保护个人隐私，做好数据安全管理，防止涉疫情数据泄露和滥用。如何严格确保民众的数据安全、合理建立统一使用标准、精准限制使用范围是以健康码为代表的数字治理方式得以顺利推进的关键。政府要善于利用互联网技术，探索治理新手段，让信息与数据真正实现取之于民用之于民。

目前各地推广健康码时，均采取了强制性措施，用户为配合防控工作，只能被动接受信息数据采集规则和使用规则。因此，需要依法保障用户的知情权，明确告知健康码的信息数据采集范围、使用规范、期限等，并进行合理的信息公开，避免暴露用户的个人隐私信息，使得用户能够放心使用健康码。此外，现在各地针对健康码的使用，并未统一标准，存在信息被滥用、盗用的风险，因此需要建立统一使用标准，明确仅限于需要查询用户健康状况的公共场合、复工复产等范围，才能使用健康码。同时，要设定健康码数据的使用期限，在疫情过后即对数据进行封存、销毁，避免数据被超期使用。

参考文献

中华人民共和国民政部，2020. 关于健康码的研究及完善对策 .[2021-12-31]. https://xxzx.mca.gov.cn/article/xgzs/202004/20200400026407.shtml.

中国共产党新闻网，2020. 杭州 让城市更聪明更智慧 .[2021-12-31]. http://cpc.people.com.cn/n1/2020/0617/c64387-31749528.html.

中国青年报，2019. 从"治堵"到"治城" 杭州城市"大脑"日均协同数据1.2亿条[2021-12-31]. https://shareapp.cyol.com/cmsfile/News/201912/31/web310242.html.

人民网，2019.【创新社会治理】浙江省杭州市：建设"城市大脑"让城市会思考，让生活更美好 _ 数字化[2021-12-31]. http://jl.people.com.cn/n2/2019/1120/c349771-33560089.html.

人民网，2020a. 旅游"数字化"玩法迭代升级[2021-12-31]. http://zj.people.com.cn/n2/2020/0116/c186327-33720829.html.

人民网，2020b. 世卫组织呼吁各国果断应对疫情[2021-12-31]. http://paper.people.com.cn/rmrb/html/2020-03/11/nw.D110000renmrb_20200311_5-16.htm.

单勇，2021. 健康码应用的正当性及其完善 . 中国行政管理，5: 53-60[2021-12-31]. https://dysw.cnki.net/kcms/detail/detail.aspx?filename=ZXGL202105011&dbcode=CRJT_CJFD&dbname=CJFDLAST2021&v=&uid=WEEvREcwSlJHSldSdmVqM1BLVXBGTC91SXdVZHFGZENLeFFHY1BsMS9xUTO=$9A4hF_YAuvQ5obgVAqNKPCYcEjKensW4IQMovwHtwkF4VYPoHbKxJw!!

史晨，马亮，2020a. 协同治理，技术创新与智慧防疫——基于"健康码"的案例研究. 党政研究，4: 107-116[2021-12-31]. https://xueshu.baidu.com/usercenter/paper/show?paperid=1u230xd0js3k0ve0jk710ad0km667661&site=xueshu_se&hitarticle=1.

史晨，马亮，2020b. 互联网企业助推数字政府建设——基于健康码与"浙政钉"的案例研究. 学习论坛，8: 50-55[2021-12-31]. https://xueshu.baidu.com/usercenter/paper/show?paperid=196g0j80dm0f0re0y13704t043429019&site=xueshu_se.

天目新闻，2020. 2020 年，浙江城市大脑为疫情防控发挥了哪些作用？[2021-12-31]. https://tm.zjol.com.cn/news.html?id=258710.

央广网，2021. 国家卫健委：全国目前基本实现了健康码的"一码通行". (2021-01-01)[2021-12-31]. DOI:10.1016/J.TRD.2021.103148.

杭州市人民政府，2019. 我市 245 家公立医疗机构实现一次就诊"最多付一次"(2019-07-15)[2021-12-31].http://www.hangzhou.gov.cn/art/2019/7/15/art_1228974663_36952697.html.

杭州政协新闻网，2021. 杭州 3500 多个停车场 近 75 万个泊位接入的"先离场后付费"场景好不好用？.[2021-12-31]. https://www.hzzx.gov.cn/cshz/content/2021-04/11/content_7945285.htm.

浙江在线，2019. 杭州有个"城市大脑"便捷生活方方面面.[2021-12-31]. https://biz.zjol.com.cn/zjjjbd/cjxw_11149/201907/t20190711_10566127.shtml.

浙江新闻，2019. 感受"数字之城"便利 杭州多个景区创游客量新高.[2021-12-31]. https://zj.zjol.com.cn/news.html?id=1192324.

浙江日报，2020."全国版"健康信息码来了.[2021-12-31]. https://china.zjol.com.cn/gnxw/202003/t20200303_11734796_ext.shtml.

澎湃新闻，2020. 健康码：人员流动的健康保障.[2021-12-31]. https://m.thepaper.cn/baijiahao_6877828.

王海明,2020. 杭州健康码：风险治理的地方创新及其扩面推广之完善.浙江学刊，3: 36-41.

高德地图，2020. 中国主要城市交通分析报告.[2021-12-31]. https://report.amap.com/download.do.

高萍，徐明婧，2020. 杭州市"数字战疫"启示：以数据赋能深化协同治理. 社会治理，8: 53-58[2021-12-31].

数据驱动城市治理的具体案例

一、利用地铁刷卡大数据识别结伴出行行为

结伴出行行为是指两个或两个以上的人有意识地一起出行的行为。结伴出行者之间具有亲人、朋友、同事、同乡等社会关系。现实生活中随处可见结伴出行的行为，例如两个人一起相约去购物、看电影、看体育比赛、旅行、上学、上班等。已有关于步行行为的研究表明，在一些公共场所，如大型商场、博物馆、商业街等，超半数的行人会选择结伴而行（MOUSSAÏD et al，2010）。目前，已有研究主要采用收集监控视频信息来人工识别结伴出行者。COSTA（2010）在意大利两座城市佩斯卡拉（Pescara）和博洛尼亚（Bologna）的历史城区、商业街等场景收集了大量行人步行的视频。通过分析行人之间是否存在眼神交流（visual contact）、身体朝向（body orientation）、手势（gesticulation）和对话（talk）等条件识别结伴出行者，最后得到1020组约2500名结伴出行者。这些研究一般针对步行场景，虽然人工识别的精确度很高，效率却很低，难以同时识别大量的结伴

出行团体。

我们呈现的案例主要尝试利用地铁刷卡数据快速地、大量地识别公共交通场景下的潜在结伴出行行为。以进出地铁站为例，当乘客刷卡进出地铁时，他们的刷卡时空信息会被记录下来。如果两个人是结伴出行者，那么他们进出的地铁站点会是相同的，他们进出的时间也会非常接近，通常只有 1~3 秒的时间间隔。反向思维来看，如果两个人的进出地铁站点都相同，进出时间都很接近，那么这两个人则有可能是结伴出行者（见表 5-1）。对于陌生人，彼此保持非常接近地进站或出站是容易的，但是在出行情况非常复杂的地铁系统中，在进出站都保持非常接近的概率则会小很多。因为有很多的因素会影响到陌生人刷卡行为之间的时空邻近性，例如出行目的地不一致，上下班通勤高峰、地铁车厢空间的影响、地铁站内部空间的影响等。

表 5-1　北京结伴出行者的地铁刷卡出行记录示意

匿名处理之后的卡编号	日期	进站时间	进站站名	出站时间	出站站名
1823504857	2010 年 4 月 8 日	10:30:18	天安门西	11:00:30	北京动物园
1827743210	2010 年 4 月 8 日	10:30:19	天安门西	11:00:28	北京动物园

为了测试利用地铁刷卡大数据识别结伴出行行为的可能性，我们先在北京做了一些探索性的试验。我们使用 2010 年 4 月 5 日—4 月 11 日一周的北京地铁刷卡数据，数据集包括 1520 万条出行记录。我们选取 3 秒作为时间距离来识别结伴出行行为。具体而言，如果两个出行记录（trip）具有相同的开始/结束站点，两个出行记录的开始时间距离小于 3 秒，结束时间间隔也小于 3 秒，那么这两个出行记录被识别为结伴出行记录。在所有

1520 万条出行记录中，我们识别出 43.15 万条结伴出行记录，约占总数量的 2.84%，包含 21.20 万个团体。

　　图 5-1 显示了以天为单位的结伴出行行为的时间分布模式（temporal pattern）。这里的结伴出行比例是指某天的团体出行数量占当天总出行数量的比例。北京地铁刷卡数据提供了地铁卡是否是学生卡的信息。基于此，图 5-1 显示了三类卡的行为特征：包含所有持卡人（即图中的"总体"）、包含所有学生卡（"学生"）和除学生以外的所有持卡人（"其他"）。对于"总体"分布模式，星期一（4 月 5 日）属于清明节假期，具有最高的结伴出行比例（4.34%）。这非常符合我们的认知，大量市民会选择在清明节假期的时候出门踏青、春游、探亲访友和扫墓等。第二高的结伴出行比例出现在周末，其中星期六（3.86%）会比星期日（3.31%）更吸引结伴出行活动。这也是市民更愿意从事一些休闲活动的时间，考虑到星期一还要工作，不少人可能更愿意选择在星期六外出，星期日会在家做适当的休整。工作日的结伴出行比例明显低于节假日和周末。"总体""学生"和"其他"三种模式都具有相似的特征：持卡人更愿意在节假日和周末结伴出行。另外，学生在任意一天的结伴出行比例都显著高于其他人，体现出学生群体的结伴出行偏好，例如可能会和同学一起上下学、一起参加学校或校外教育机构组织的活动等。

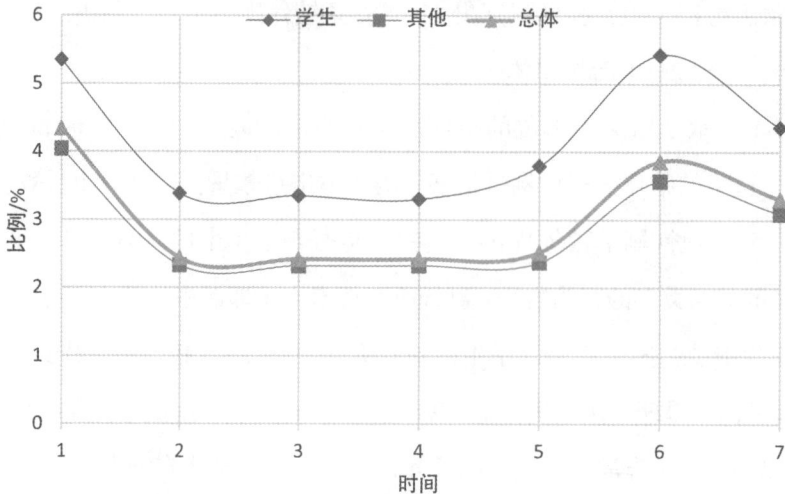

注：横坐标表示从星期一（4月5日）到星期日（4月11日）。

图5-1 北京市结伴出行的时间分布模式（以天为单位）

图 5-2 显示了一天之内的结伴出行行为的时间分布模式。结果表明，下午具有更高的结伴出行比例，例如 14:00 和 15:00 的比例分别达到 3.42% 和 3.38%。其次，20:00 也具有较高的结伴出行比例。下午和晚上的高结伴出行比例，反映出人们愿意在这些时间出来参与一些具有休闲和社交性质的活动。而早晚高峰的结伴出行比例偏低，反映出这些出行主要是个体出行为主，以上班通勤为主要目的。早晚高峰具有高很多的出行数量，从技术上说更有可能错误地将那些仅仅是因为偶然因素而临近刷卡进出站的个体出行识别成结伴出行，但事实上我们却得到了相对更低的结伴出行比例，一定程度上反映出我们提出的方法具有区分个体和结伴出行的能力。

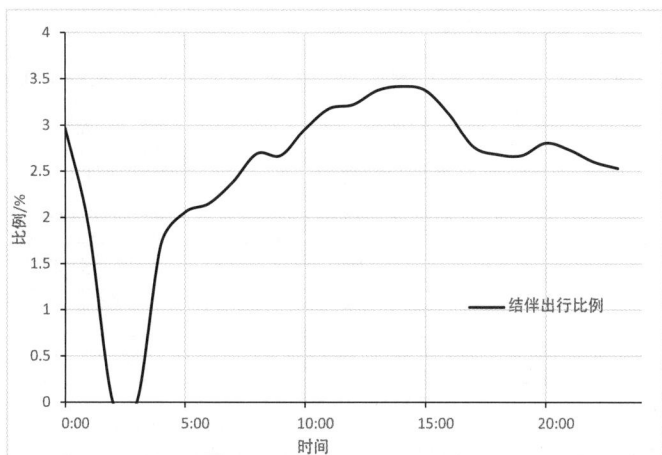

图 5-2　结伴出行的时间分布模式（以小时为单位）

　　我们以结伴出行比例排名前十的地铁站来说明结伴出行的空间分布模式。表 5-2 显示奥体中心地铁站具有最高的结伴出行比例（6.13%），排名第 10 位的王府井地铁站也有 3.86% 的结伴出行比例。从地图上看，前十名的地铁站可以看成是两个组团热点和两个单独热点。两个组团热点是奥林匹克公园和故宫组团，两个单独热点则是北宫门和动物园地铁站。北宫门是北京地铁 4 号线的一个地铁车站，位于北京市海淀区颐和园路北宫门东侧，直接靠近颐和园风景区和中央党校，周边还有国际关系学院、圆明园风景区和北京大学等旅游景区和教育机构。因此，有相当一部分进出北宫门地铁站的用户是具有结伴出行偏好的游客和学生群体。动物园站附近不仅有与北宫门站类似的景区和学校（例如北京动物园、北京建筑大学和北京市第五十六中学等），周围还有北京展览馆、北京天文馆等重要的展馆资源。

表 5-2　北京市结伴出行比例排名前十的地铁站

结伴出行比例排名	站名	团体出行比例 /%
1	奥体中心	6.13
2	森林公园南门	6.09
3	奥林匹克公园	5.65
4	西单（M69）	5.02
5	天安门西	4.68
6	动物园	4.63
7	天安门东	4.58
8	西单（M14）	4.36
9	北宫门	4.35
10	王府井	3.86

在北京奥林匹克公园一带存在大量的结伴出行比例高的地铁站，这与周边有大量兼具旅游、购物、体育赛事、展览、会议以及户外活动的大型公共设施有关。奥林匹克公园位于北京市朝阳区，是 2008 年北京奥运会与残奥会的奥运公园。奥运会之后，奥林匹克公园逐渐转变为包含体育赛事、会展中心、科教文化、休闲购物等多种功能在内的综合性市民公共活动中心。故宫组团周边则主要包括两大类能够吸引团体活动的设施：以故宫、国家大剧院、国家博物馆、天安门广场为代表的高品质旅游、文化设施；以西单、王府井为代表的北京主要的商业购物中心。上述 10 个地铁站例子表明：结伴出行行为更可能出现在靠近休闲、旅游、购物设施的地铁站周边。

结伴出行行为的研究在交通团体票政策、公共活动管理和公共空间设计等领域都具有潜在应用。例如大型公共活动会吸引大量的人员聚集，进而可能会出现拥挤甚至踩踏等难以预料的负面后果。公共活动尤其能吸引结伴出行的人参与，结伴出行者一般会选择与团体内其他成员保持较近的距离，这种偏好会对人群的移动有影响，可能会阻碍部分人的行走速度，进而干扰整体的人员流动秩序。所以，合理有序引导包括结伴出行者的行为，对于公共活动管理是很重要的。另外，研究结果能够揭示哪些地铁站、地铁线路以及站点周边能吸引更多的结伴出行者，基于这些发现，我们可以有意识地设计公共空间，在地铁候车空间摆放更多并排而坐的位置，方便结伴出行者的社会交往，提供更多有关休闲娱乐活动的广告咨询，以及提供更多有关公共安全的公益宣传信息，创造一个对于结伴出行者更为友好的城市环境。

下面我们以交通团体票政策作一个更系统的介绍。交通团体票是指为两人或以上的团体乘客提供的一种票务类型。目前，在国外发达国家的公共交通体系中，团体票已经成为单人票的有效补充，被许多城市广泛采纳（如首尔、巴黎、伦敦、纽约、芝加哥等）。类型多样的团体票有助于吸引更多人选择公共交通，尤其是吸引那些有团体出行需求的乘客。公交公司可能因乘客的增加而获得收益，乘客也能节约出行成本。而公共交通公交使用率的提高也有利于减少交通污染和构建环境友好型的社会。同时，团体票还具有单人票不具备的社会效益，因为它直接或间接地鼓励社会交往，提高旅途的安全性，增加旅程的愉悦性，保护或关爱学生、老人等弱势群体，对维系积极的社会关系（如家庭关系）、构建和谐社会具有很正面的作用。因此，交通团体票的实施有利于城市的可持续发展，不仅有利于环境、经济维度的可持续，更包括社会维度的可持续。

然而，目前团体票政策的制定、实施和优化上面临以下两个主要问题。

第一，团体票的政策制定往往依赖政策制定者的主观经验，缺乏基于客观数据基础上的系统认识与分析。事实上我们利用谷歌学术（Google Scholar）搜索"transport group ticket"关键词，并没有发现系统探讨交通团体票政策的学术论文。第二，通常团体票须单独购买，并采用人工检票的方式进出站，这会增加人工成本，降低使用效率，极大限制了团体票的实施。

本案例所展示的研究至少可以为解决上述问题提供一些启示。首先，基于地铁刷卡大数据的结伴出行行为分析有助于我们更好地理解结伴出行的时空特征、规模、潜在的经济效益等。基于这些特征，我们能够进一步提出团体票政策的优化策略。根据团体规模、类别，实施时间、路线的不同，提出普通团体票、家庭票、陪伴票、非高峰时段团体票、周末团体票和长距离通勤团体票等。例如，我们的研究显示学生具有结伴出行偏好，那么针对学生群体推出团体票能够满足学生的需求，一定程度上也能增加学生在旅途过程中的社会交往需要和旅途安全。

其次，传统上，一张公交卡能对应一张可重复使用的单人票。这张单人票通过安装在地铁站或公交站的出入口的智能读卡器自动完成检票过程，而价格的计算会综合依据公交卡类别（如学生卡）、乘车时间、距离及相关政策等信息。我们在这里提出一个自动检票和计价系统，它能实现一张公交卡对应一张可重复使用的团体票。以公交为例，自动检票和计价的基本逻辑为"如果若干乘客都以邻近顺序刷卡上车和下车，则他们享受相应的团体票优惠"。本质而言，其逻辑与识别团体票的潜在乘客是一致的。我们可以在台北市看到类似的例子。爱心卡是台北市提供身心障碍者使用的交通卡，爱心卡持有者可为其必要陪伴者一人申请一张爱心陪伴卡（见图5-3）。爱心陪伴卡单独使用时，以全票计费；如果紧接在爱心卡之后使用，则享有半价优待。由此可见，台北市爱心陪伴卡可以看作是一张可重复使用的团体票，其识别逻辑本质上与本书讨论的也是一致的。

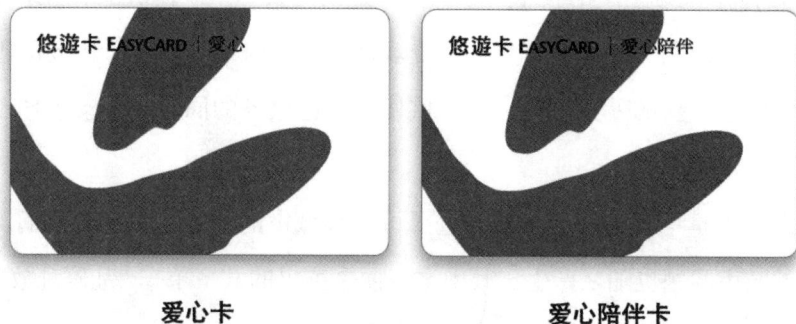

图 5-3　台北市爱心卡和爱心陪伴卡

来源：https://www.easycard.com.tw。

　　本案例研究提供了一个简单化的识别结伴出行行为的方法，并探讨了结伴出行行为的时空特征。方法能够较好地区分出结伴出行行为和个体出行行为，但存在着一些不足。例如，仅仅选用 3 秒进行识别，会将部分刷卡时间间隔较长的结伴出行排除在外。该方法无法识别部分结伴出行行为，即有相同的始发站却没有相同的终点站的结伴出行者是被排除在外的。有关方法的进一步讨论和完善可参考 ZHANG 等（2018a，2018b）的研究。

二、利用用户骑行大数据支持电子围栏规划

　　共享单车是一种能够让一般大众共享自行车使用权的服务，自 20 世纪 60 年代开始逐渐在全世界流行。共享单车服务能够带来诸多社会经济和环境效益，例如促进公共交通、减缓交通拥堵、疾病减少与控制、减少温室

气体排放和消除噪声污染等。2015 年，新一代基于互联网的无桩共享单车服务在中国出现并快速兴起。相比于传统的固定桩共享单车，无桩共享单车实现了"随停随用"的技术突破，为用户使用共享单车提供了前所未有的便利。这一便利使无桩共享单车广受欢迎，在短时间内实现了市场的迅速扩张，创造了新的就业岗位，在提供便捷出行服务的同时也带动了城市的社会经济发展。

无桩共享单车的兴起无疑促进了可持续城市的建设与发展。然而，诸多新的城市问题也随之产生，其中之一便是突出的共享单车"乱停乱放"现象。不少用户在使用之后会将共享单车停放在不适合停放的区域（如人行道、地铁入口或封闭社区内），进而影响了城市功能的正常运转和共享单车的正常使用。面对日益严重的"乱停乱放"现象，政府和主要共享单车服务商计划通过设置电子围栏停车设施的方式，督促共享单车的规范化使用。面向共享单车的电子围栏，可以理解成一个没有物理形态的"虚拟围栏"。理想状态下，用户必须将车辆停在指定区域内，否则无法锁车结束行程。电子围栏技术可以与共享单车手机 App 应用程序相结合，在应用程序中通过导航和语音引导用户在指定范围内规范停车。2017 年 8 月，交通运输部等十个部门在《关于鼓励和规范互联网租赁自行车发展的指导意见》中提出了支持电子围栏政策和技术规范用户骑行行为的政策指导意见。自 2017 年初，包括北京和上海在内的多个城市也对共享单车电子围栏设施进行了小范围试点。

本案例将利用用户骑行大数据来支持无桩共享单车的电子围栏规划，针对无桩共享单车乱停乱放现象提出基于位置分配模型（location allocation model）的方法支持共享单车电子围栏的空间布局规划。案例所采用的单车用户骑行大数据由某共享出行企业提供并授权使用，研究充分考虑到对用户隐私的保护。该数据包含上海 2017 年 9 月 15—30 日随机抽样出的约 77.79 万条骑行记录，由 29.90 万辆共享单车产生。每条记录包含出行 ID、匿名用户 ID、单车 ID、出行起始（终止）时间、出行起点（终点）经纬度。该用户骑行数据集数据量较大，反映内容相对准确、详细，覆盖时间长，能够较为客观地反映共享单车用户的骑行行为特征。

首先，本案例研究通过对 OpenStreetMap（开放街道地图）街道片段和共享单车行程记录等原始数据进行预处理，得到上海市道路网络、上海市 50 米 ×50 米城市网格、共享单车交通起止点在城市网格内的空间分布和备选电子围栏位置（所在的城市网格）。其次，我们设定四种不同数量电子围栏规划情景，利用位置分配模型在备选电子围栏位置中根据停车需求选取特定数量的电子围栏作为最终位置。

位置分配模型是本案例中应用的主要模型方法。该模型常用于解决公共设施或组织机构的选址问题，常见的应用包括医疗保健设施、消防站、学校等公共机构的位置选择（RAHMAN et al，2000）。位置分配模型通过请求点（demand point）的位置（location）和需求（demand）等特性来定位设施点（facility），并将请求点相应分配到各设施点，从而保证最高效地满足请求点的需求。分配方法根据待解决的问题类型而定；常见的问题类型包括最小化阻抗（请求点到达选定设施点的总距离最小化，minimize impedance）、最大化覆盖范围（在覆盖区域中满足最多需求，maximizie coverage）和最小化设施点数（使覆盖请求点的设施点的数量最小化，minimize facilities）等。本案例的研究目的是规划共享单车电子围栏设施，以容纳其附近的单车停放需求，适合使用位置分配模型。为了最大化地覆盖共享单车停放需求，案例选取位置分配模型中的最大化覆盖范围作为问题类型。

网格内单车停放需求为起止点（origin-destination）数量；备选电子围栏所在的城市网格为停放需求超过 5 的网格，即该网格内有超过 5 个起止点。

上海市中心城区具有较高的道路网密度，将全上海划分为 2718296 个50 米×50 米的城市网格，其中有 186881 个（约 6.87%）城市网格中存在共享单车停放需求，其余超过 90% 的城市网格不存在单车停放需求。存在停放需求的城市网格中，平均停放需求为 8.3 次，标准差为 18.1 次。大多数停放需求集中在上海市绕城高速内，特别是黄浦区、静安区和杨浦区等中心城区存在较大量的停放需求。由于缺乏能反映制度、城市基础设施和民众意愿等方面的数据支持，目前研究仅根据共享单车用户骑行数据反映出的停放需求确定电子围栏位置。案例研究将备选电子围栏内停放车辆的阈值设置为 5，依据此标准提取出 58941 个城市网格作为电子围栏候选位置；平均每个城市网格内停放需求为 22.1 次，标准差为 27.5 次。大部分电子围栏候选位置位于上海绕城高速内且集中在中心城区。

然后是在四种不同规划情景下电子围栏位置的分布情况。当电子围栏数量为 5000 个时，大部分电子围栏集中于中心城区以及浦东新区。随着电子围栏数量的增长，电子围栏从中心城区迅速向郊区扩张，但大部分电子围栏仍分布在上海绕城高速内。表 5-3 列出了在四种电子围栏规划情景下，上海市及各区可容纳的共享单车停放需求百分比。由表可知，随着电子围栏规划数量的增加。上海市及各区内能够容纳的共享单车边际停放需求递减，即可容纳的共享单车停放需求的增加幅度随电子围栏数量的增加逐渐减少。当规划电子围栏数量为 5000 个时，85.0% 的共享单车停放需求能够被满足。当电子围栏数量增长至 7500 个、10000 个或 12500 个时，能够满足的停放需求分别增加 6.8、3.2 和 1.3 个百分点。由表 5-3 亦可知，在各规划情景下，上海市各区能够满足的共享单车停放需求存在空间差异，即黄浦、徐汇、长宁、静安、普陀、虹口和杨浦等中心城区在各规划情景下均有超过 90% 的停放需求被满足，而青浦、崇明等郊区被满足的停放需求则较低，尤其是金山、奉贤两区，在规划 12500 个电子围栏的情景下，仍仅有少于 30% 的停放需求能够被满足。考虑到当电子围栏数量 10000 个时有超过 90% 的共享单车停放需求被满足，并且上海市每个市区内都有共享围栏设施点，本研究将其视为最佳电子围栏规划情景，即以相对适宜数量的电子围栏保证较高需求覆盖。

表 5-3　不同规划情景下电子围栏能够满足的停放需求百分比

| 区县 | 电子围栏规划情景 | | | | | | | |
| | 5000 | | 7500 | | 10000 | | 12500 | |
	围栏个数 / 个	满足需求百分比 /%	围栏个数 / 个	满足需求百分比 /%	围栏个数 / 个	满足需求比 /%	围栏个数 / 个	满足需求百分比 /%
上海市	5000	85	7500	92	10000	95	12500	96
黄浦区	267	95	357	98	428	99	528	100
徐汇区	440	94	576	98	711	99	841	99
长宁区	277	93	360	97	444	99	528	100
静安区	376	95	474	97	564	99	666	100
普陀区	382	92	523	96	645	99	767	99
虹口区	263	96	328	99	379	100	436	100
杨浦区	468	94	627	98	753	99	883	99

续表

| 区县 | 电子围栏规划情景 | | | | | | | |
| | 5000 | | 7500 | | 10000 | | 12500 | |
	围栏个数 / 个	满足需求百分比 /%	围栏个数 / 个	满足需求百分比 /%	围栏个数 / 个	满足需求百分比 /%	围栏个数 / 个	满足需求百分比 /%
闵行区	551	74	961	86	1340	91	1709	94
宝山区	514	84	778	92	1028	96	1249	97
嘉定区	152	63	287	74	468	81	651	85
浦东新区	1081	77	1720	87	2417	92	3142	94
金山区	0	0	0	0	1	3	7	13
松江区	203	56	421	73	656	83	848	86
青浦区	18	24	58	42	109	53	162	59
奉贤区	1	2	8	12	22	21	39	27
崇明区	7	28	22	56	35	67	44	71

为缓解无桩共享单车"乱停乱放"的现象，本书提出利用用户骑行大数据和位置分配模型支持共享单车电子围栏的空间布局规划。以上海市为研究案例，通过分析上海市各区自 2017 年 9 月 15 日—9 月 30 日共享单车用户骑行大数据，运用位置分配模型计算了四种不同电子围栏数量下电子围栏的位置布局规划，并针对最优情景（10000 个电子围栏设施点）计算了不同容纳水平的电子围栏位置数量。研究结果显示：（1）在各个规划情景下，电子围栏位置多集中在中心城区；（2）随着电子围栏数目的增加，电子围栏位置从中心城区向郊外延伸；（3）在各规划情景下，全市均有超过85% 的停放需求被满足；（4）能够被满足的停放需求在全市存在空间差异，即中心城区被满足的停放需求远大于郊区；（5）在最优情景下，有 94% 的

停放需求能够被满足，并且理论上上海市所有共享单车均可被停放。

由于共享单车出现时间较短、骑行数据相对难以获得，所以多数研究着眼于论述有关共享单车运营和管理的政策优化，很少有定量的科学研究。本研究获得了某共享出行运营商提供的骑行数据，数据量较大、数据内容丰富，为精确量化研究提供了基础，是首项针对无桩共享单车停放问题进行精细量化分析的研究，研究视角较为新颖。

本研究成果能为电子围栏规划提供合理有效的参考，有助于政府和共享单车服务商对共享单车进行调配和促进规范化停放，支持可持续交通模式，促进可持续城市的规划、发展和治理。值得注意的是，书中提出的规划电子围栏位置的方法暂未纳入政策制度、城市基础设施和民众意愿等限制因素。未来，这些因素可进一步被纳入模型中，一定程度上提高模型的准确性和合理性，从而支持制定更为合理的电子围栏规划方案。根据本文的结果有如下政策建议：第一，政府和服务商可利用本研究模型对各共享单车的使用数据进行分析，更新城市各区域内的停车需求；第二，政府和服务商共同合作进行电子围栏规划；第三，共享单车服务商需相应更新技术，包括将停车位信息实时通过手机客户端传递给用户，设计针对用户规范停车的奖惩机制等；第四，各个共享单车服务商之间也应进行合作交流，共同规划、使用和管理共享电子围栏。有关电子围栏案例的进一步讨论和完善可参考 ZHANG 等（2019）的研究。

三、利用手机信令大数据识别个体移动轨迹

手机信令数据是在居民持有的手机终端与无线通信网络信令交互情况

下产生的数据信息。手机信令数据在空间定位上的方法主要包括通信小区和测量报告（measurement report，MR）两种。其中，基于通信小区的定位方法计算简单（通过与手机发生的交互信令获取通信小区 ID，将手机用户定位到该小区的覆盖区域），市区的定位精度约为 200~500 米，郊区的定位精度约为 400~1000 米。基于 MR 的定位技术则计算复杂度略高，精度可达到 50~200 米。

随着近些年手机的普及和移动互联网的流行，手机信令数据数量急剧增加，具备可以良好地刻画居民行为的特性。手机信令数据具有规模巨大、类型多元、时空动态等属性，克服了传统数据静态且滞后的缺点，使得对人的实时空间统计监测成为可能，更适用对人口统计特征的测度。例如，可以用手机用户活跃数来衡量不同区域、不同时间段人的活动强度、人口分布的动态变化；通过长时间的持续检测与分析，进一步识别用户的常住地和工作地等，探析人口流动规律，进而分析人的活动强度与城市规划、布局和建设之间的关系，为城市配套设施规划建设提供参考。下面列举几个具体应用案例。

（一）评估特色小镇活力

作为新型城镇化建设的重要组成部分，特色小镇一方面强调产业支撑，最大限度地尊重市场逻辑，充分发挥集聚效应；另一方面通过强化政策供给，缓解发展面临的体制机制和要素制约，实现空间内的高端要素整合和空间外的要素自由流动。基于浙江省某运营商的手机信令大数据，下述案例通过构建人口和活动评估模型，对浙江省前三批省级创建名单中的 114个特色小镇的各类人口规模、人群标签、活动方式进行全面分析，评估特色小镇在发展过程中是否稳定、健康和可持续。通过测度各特色小镇的活力水平可以反映特色小镇这一政策实施的综合性效果。

具体地，基于手机信令数据，可以测定"工作人口""到访人口"和"居住人口"三类人群，结合高德地图 POI 数据和工商局企业注册信息数据，评估特色小镇配套设施完善程度、社区功能的活力和产业发展状况等。

基于用户的活动轨迹，可以识别小镇以及小镇周围的工作人口（白天工作时间逗留超过 10 日且天数最多的人群），评估小镇提供绝对就业机会的数量，以及其周围辐射范围内提供相对就业机会的数量。图 5-4 的工作人口四象限散点图呈现了各类小镇在工作人口规模和工作人口集聚度方面的表现（工作人口集聚度＝小镇规划范围内的工作人口 ÷ 小镇规划范围辐射 1 公里范围内的工作人口）。特色小镇工作人口规模的均值在 3700 人左右，工作人口集聚度均值在 0.22，即提供了特色小镇规划范围及其 1 公里辐射范围内 22% 的就业机会。

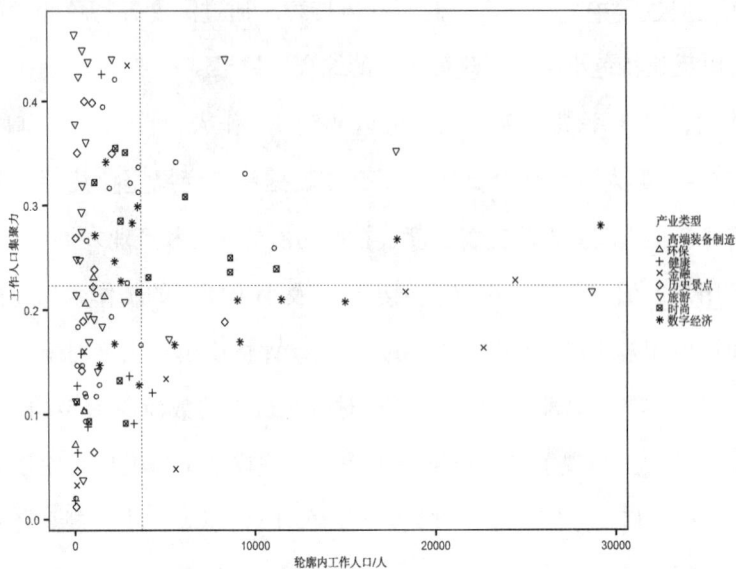

图 5-4　工作人口规模与集聚度四象限散点图

　　基于手机用户的注册信息、居住地、手机使用情况等，可以从工作人口教育水平、收入水平、年龄等维度特征，比较特色小镇各类人群占比与其所在区县常住人口各类人群占比的相对变化情况，描绘特色小镇的人群画像（见图 5-5 至图 5-7），衡量特色小镇对不同工作人群的吸引力。整体而言，与其所在区县平均水平相比，特色小镇吸引了更多高学历和年轻的工作人群，提供的收入也更高。健康类、金融类、旅游类和数字经济类小镇高收入工作人口占比尤其高；高端装备制造类、金融类和数字经济类小镇工作人口年轻化趋势尤为明显。

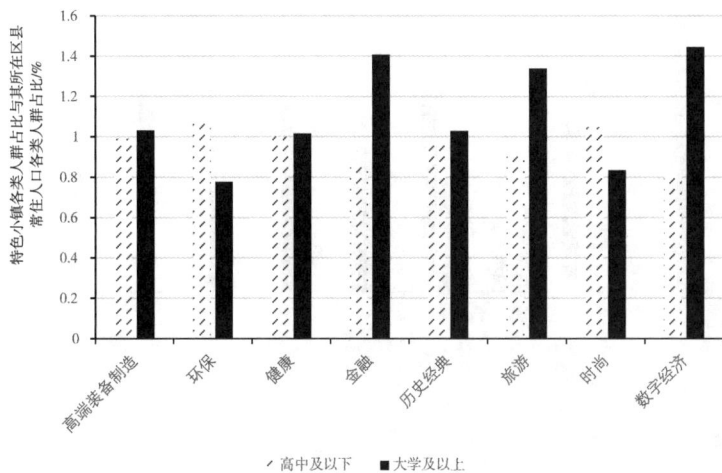

图 5-5　教育水平人群画像

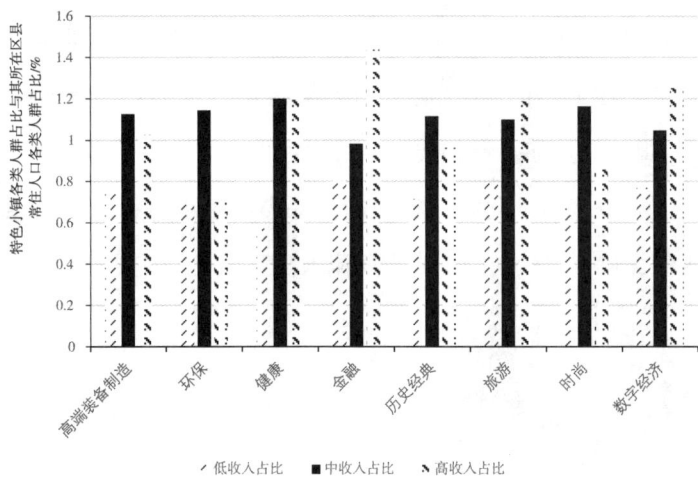

图 5-6　收入水平人群画像

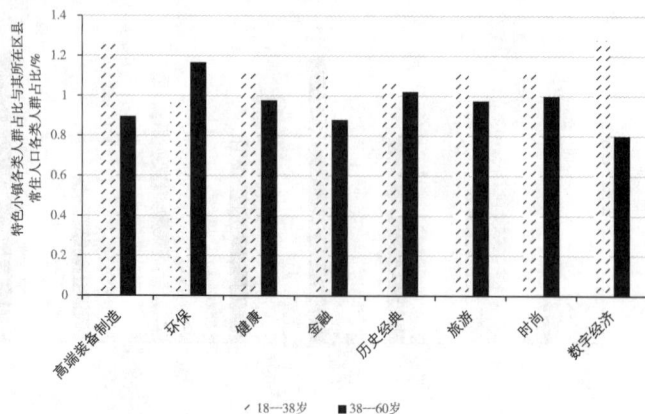

图 5-7　年龄结构人群画像

通过长时间的对比，也可以了解到特色小镇在一定时间内的人口流入流出情况。如图 5-8 显示，除 2019 年 5 月和 2020 年 5 月两个时段外，浙江省前两批创建类特色小镇的工作人口为整体流入，表现出了一定的周期性变化特征。其中，旅游类和历史经典类特色小镇在 2018 年下半年保持相对较强的工作人口流入，而第二批中的环保类特色小镇在 2019 下半年和 2020 年上半年保持相对较强的工作人口流入。

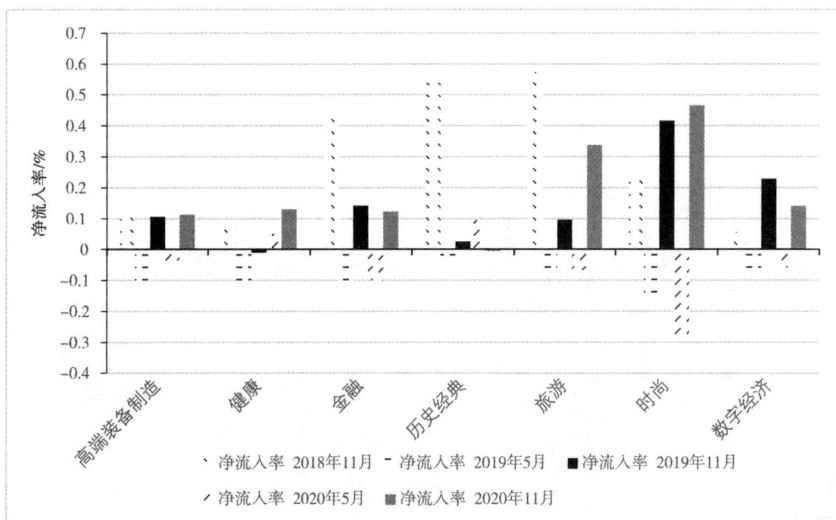

（a）第一批特色小镇

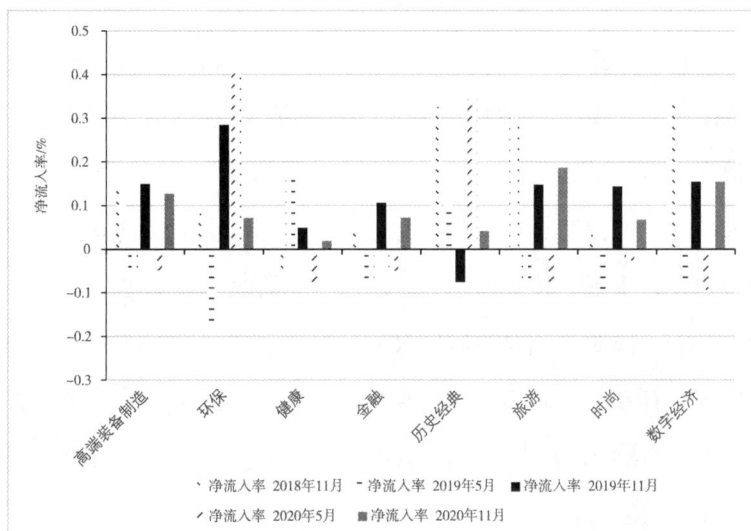

（b）第二批特色小镇

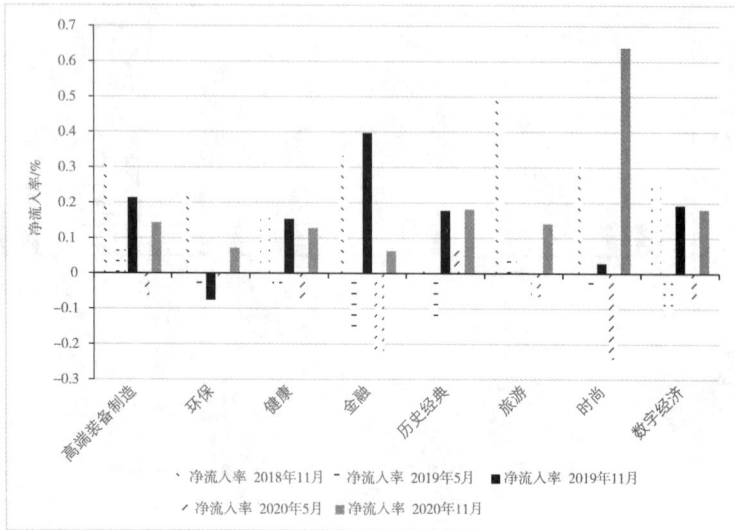

（c）第三批特色小镇

图 5-8　第一、二、三批省级创建特色小镇工作人口流入率

　　基于手机用户工作地和居住地的比较，可以分析工作人口的通勤距离和职住平衡情况。表 5-4 中通勤情况较差的小镇大致可以归为 3 类：第一类如定海远洋渔业小镇，其所在地市舟山通勤平均水平低，即使小镇的大部分工作人口通勤距离短，但通勤优化效果差。第二类如义乌丝路金融小镇和新昌智能装备小镇，其工作人口的通勤距离的两个峰值在小镇 5km 范围内和 20~50km，说明小镇离主城区极其远，且仍有一部分工作人口选择居住在主城区，存在超长距离的通勤现象。第三类如武义温泉小镇，人口通勤距离峰值在 3~5km 范围内，说明小镇距离主城区不远，大部分工作人口选择居住在主城区内。

表 5-4　部分小镇通勤状况

单位：人数

小镇	0~1km	1~2km	2~3km	3~5km	5~10km	10~20km	20~50km	50km 以上
定海远洋渔业小镇	551	40	14	10	34	169	91	16
义乌丝路金融小镇	124	154	259	99	129	72	230	84
武义温泉小镇	61	55	110	1210	99	105	3	180
西湖云栖小镇	67	34	183	760	133	182	20	113
新昌智能装备小镇	572	555	711	311	1406	242	1105	961
东阳木雕小镇	16	16	29	31	28	41	30	23
衢州循环经济小镇	30	134	75	75	85	166	1044	96

　　进一步应用：对各类人口特征的测度，传统方式大多采用各部门的统计数据和调查，获取难度高、工作量大、统计口径不一致，不适合进行批量动态的分析。只要划定一定区域的空间范围，手机信令数据就能识别区域内的人口特征，尽可能降低数据搜集者对指标测度的影响，确保其真实性和客观性。进一步地，基于这些人口信息，不仅可以从人口、产业、配套等数据维度解读城市的经济发展和区域特征，对区域范围内的职住平衡、完善基础设施配套布局均有积极作用；并且，基于目标人群的特征和行为轨迹等数据能挖掘到群体的深层次需求，有助于商业配套、地产开发等项目的推进和优化。

（二）提高公共交通运行效率

基于手机用户移动轨迹的识别，庞大的手机信令大数据同样也可以赋能交通系统建设。基于个体出行行为与方式的识别，可以对城市交通进行精准分析和科学管理。

在交通规划方面，手机信令的应用主要基于某时间段内存储位置信息，通过对原始手机信令数据的二次加工，进一步提取某段时间内手机用户的OD（origin/destination），或判定其出行时间、距离、轨迹等。同时，利用机器学习等方法，与地图导航路线比对，判定其出行方式等。与传统的交通调查获取出行OD的方式相比，手机信令数据不仅节约了大量的人力和物力，其精确性和完整度也得以提升。通过手机信令数据可以实时识别各个公交站点与地铁站点之间的交通流量及联系度。不仅如此，手机信令数据具有高频度、客观性、出行时空全覆盖性等优势，可以识别个体的全部活动轨迹，将各类交通方式（地铁、公交、出租车、骑行、自驾、步行等）作为一个整体，探讨公共交通解决方案，整合交通出行资源，精准引导，打造高质量的交通系统。

作为城市的重要窗口，交通枢纽的客流分布与交通供给的有序规划具有重要作用。然而，各类交通资源的供需匹配往往不够精准，容易造成资源闲置或客流堆积等现象。实时性、动态性和全覆盖的手机信令数据，可以利用用户来源分布、停留时间、关键道路流量、交通枢纽点进出关系等内容进行深入识别分析，并针对潜在问题提供解决方案。

例如，浙江省某手机运营商基于用户轨迹数据，结合地铁基站/公交GPS、酒店POI等数据，对杭州东站枢纽的到站和离站旅客流量进行分析。

结果发现，杭州东站日均到达客流 13.5 万人。而杭州城内的日到达客流量约为 24 万人，因此，东站承载了杭州 56% 的客流量。到站旅客的目的地集中在西湖风景区、萧山国际机场、余杭高铁站、杭州汽车客运中心以及汽车西站。因此，有相当一部分的到站旅客会去其他交通枢纽进行转车。

图 5-9 显示了根据历史数据分析观察日均各时段到达客流的时变情况。10:00—20:00 为客流到达高峰期。具体而言，到站客流量从 12:00 激增，高峰大约在 15:00—20:00；进站客流量从 6:00 开始增加，在 9:00—18:00 之间达到高峰。

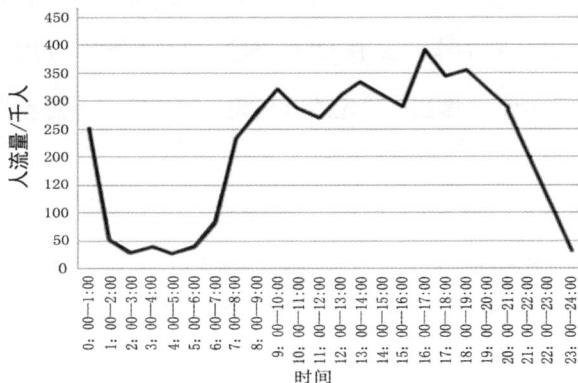

图 5-9 杭州东站到站用户时段细分（左到站/右进站）

如图 5-10 所示，到达杭州东站的客流换乘方式中，最受欢迎的是地铁。使用地铁到站的旅客平均占比 77%（67%～83%，到达量越大占比越高），6% 的旅客选择乘坐公交车，9% 的旅客选择乘坐出租车，还有 8% 的旅客乘坐社会车辆离开。

13.5万

火车东站日均到站客流

杭州城日均到达客流为24万人，占比56%

77%	6%	9%	8%
10.4万人	0.81万人	1.22万人	1.08万人
地铁	公交	出租车	社会车辆

图 5-10　到达杭州东站的客流换乘方式

如图 5-11 所示，尽管地铁是最受欢迎的交通方式，但换乘 OD 不在地铁服务范围内（即 D 点距离地铁站超过 1km）的人群占比却高达 60%～70%（假日＜周末＜工作日），即无法通过地铁直达或地铁换乘到达目的地。大部分乘客做出了"先离开再说"的决定，不是他们的本意。

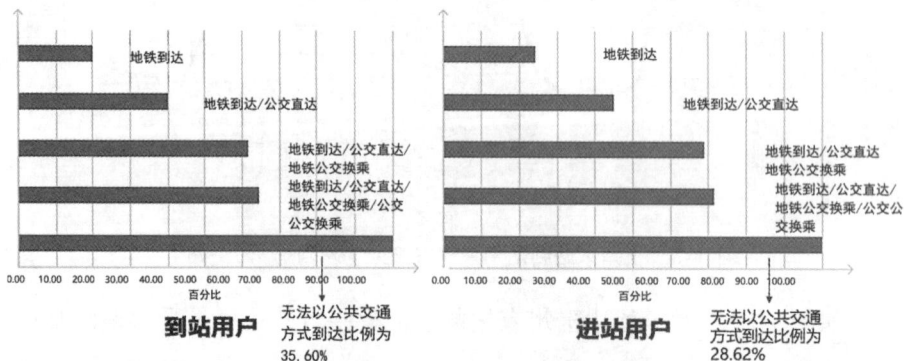

图 5-11　到站用户与进站用户公共交通方式

出租车排队人数保持着同样的规律。7:30—9:30 和 16:30—18:30 区间，出租车排队人数较多；同时，在地铁停运之后，出租车的排队人数小幅上升。客流量较多时，由于出租车排队时间较长，选择出租车方式离开的旅客比重有所降低。据了解，火车东站出租车排队通道长达 50 米，大多时候排队人数较多（见图 5-12）。在出租车等待时间较长时段（10:00—20:00）运营定制公交可以吸引部分乘坐出租车的客流（见图 5-13）。

图 5-12　出租车排队人数

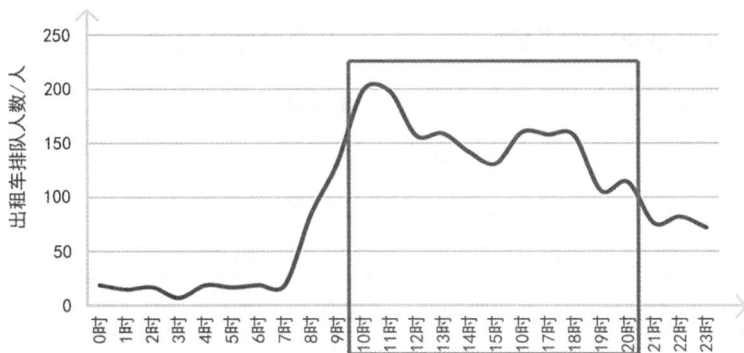

图 5-13　杭州东站进站 / 到站用户时段细分（左到站 / 右进站）

进一步应用：基于手机信令数据可以筛选各类交通出行方式用户，并识别用户的动态活动轨迹，从而将各类交通方式作为一个整体，整合交通出行资源。例如，可以通过设计轨交接驳线路、调整公交站点设置等方式优化提升公共交通疏导能力，不仅有助于交通管理部门准确掌握轨道交通线路信息，合理规划轨道交通线路，构建高质量的交通出行系统，对提高居民的生活质量以及对城市交通的满意度有重要意义。

（三）评价政策执行效应

同样，手机信令数据在 2021 年新冠肺炎疫情期间对观测返乡人员流动、防控疫情扩散风险也起了重要作用。2021 年 1 月初，新冠肺炎疫情在多地零星散发，在此背景下，1 月 25 日，中共中央办公厅、国务院办公厅印发了《关于做好人民群众就地过年服务保障工作的通知》。随后，各地陆续发出"春节期间非必要不返乡"的倡议，出台各项政策，鼓励员工在工作地过年。例如：浙江、福建、广州等地发放春节红包；上海、河北、河南、湖南、重庆等地号召外地务工人员"非必要不返乡"，本地居民"非必要不出省"，"各企事业单位错峰离岗返乡、实行弹性休假制度"；等等。手机信令数据在此过程中也可帮助判断各项政策的有效性，识别各类人群的返乡行为，分析政策对返乡行为的异质性影响。

图 5-14（a）—（d）呈现了不同人群在 2021 年春节的绝对返乡比例的情况[①]。通过对各类人群返乡行为的识别，可以发现，2021 年返乡比例大约只占 2019 年返乡比例的 30%~40%。高收入、低学历、18—38 岁和男性群体返乡比例较高。疫情影响下，2021 返乡比例相比 2019 和 2020 年均有所下降；中青年群体、更高收入群体与女性群体在 2021 年疫情影响下返乡比例下降更多。鼓励"就地过年"的政策会整体上促进各类人群"就地过年"。

---

① 绝对返乡比例定义为该类人的返乡人数与该类人的常住人口数之比。

（a）不同年财富水平绝对返乡比例

（b）不同年学历水平绝对返乡水平

（c）不同年龄段各年绝对返乡比例

（d）不同性别各年绝对返乡比例

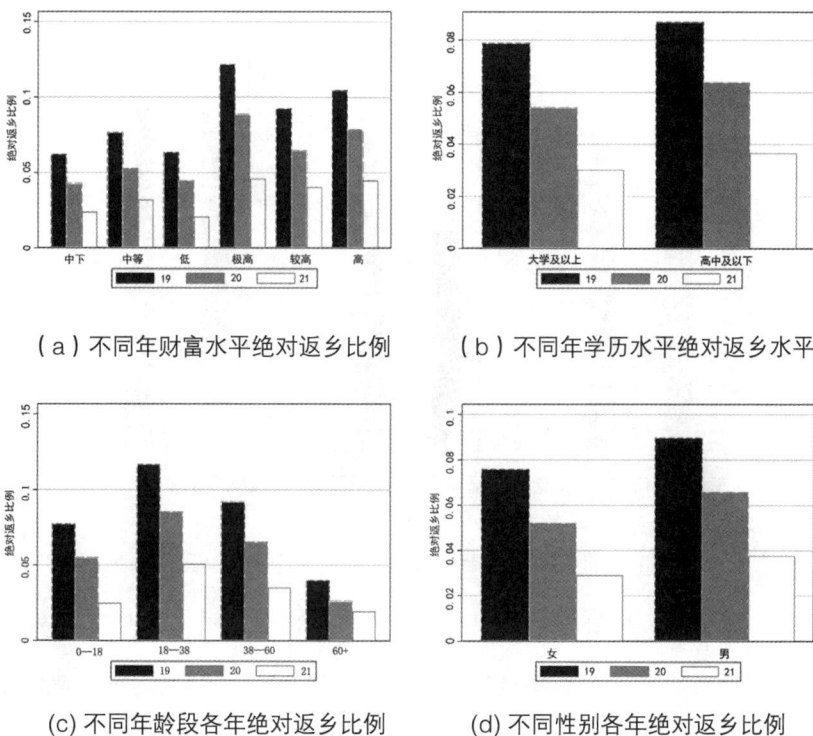

图 5-14　不同人群在 2021 年春节的绝对返乡比例

首先，从清明返乡人数和春节返乡人数 2021 年与 2019 年的相对比例的空间分布来看，2021 年春节期间返乡人仅占 2019 年同期的 45%；清明期间返乡人数达到 2019 年的 1.76 倍，二者存在替代效应。其次，2021 年家乡地远的人更容易选在清明回家。图 5-15 表明，就地过年政策会鼓励人们择期返乡，其中现金类激励政策影响显著，其他类政策则不然。

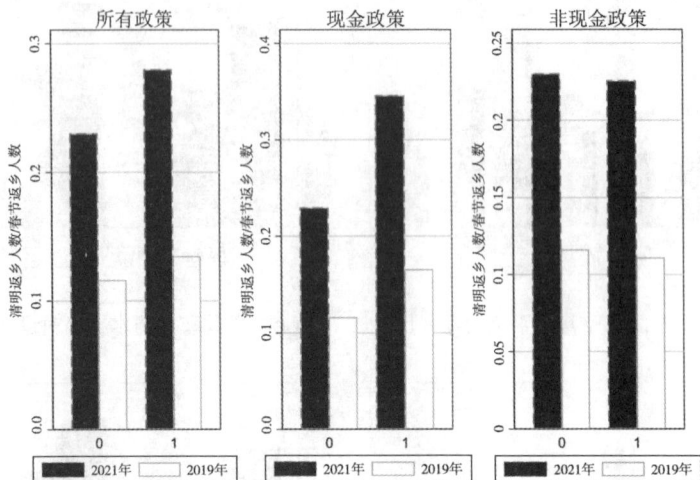

图 5-15   浙江省内春节和清明相对返乡比例：基于工作地

进一步应用：随着计算机技术的迅猛发展和数字化改革的持续深入，海量数据的形成和快速更新迭代为传统治理方式改变和范围延伸提供了可能。例如，在应急管理的状况下，基于大数据等的治理工具（如健康码）等创新不断涌现，以往需要层层审批的规章制度也均有所削弱。同样地，手机信令数据所提供的位置信息可以实现跨区域人员流动的动态管理，在防控社会风险的同时，也有利于生产生活的恢复与发展，相对及时地检验政策效果，及时修正并改进政策方向等。

参考文献

COSTA M, 2010. Interpersonal distances in group walking. Journal of Nonverbal Behavior, 34(1): 15-26. DOI:10.1007/s10919-009-0077-y.

MOUSSAÏD M, PEROZO N, GARNIER S,et al,2010. The walking behaviour of pedestrian social groups and its impact on crowd dynamics. PLoS ONE, 5(4)[2021-03-28]. https://journals.plos.org/plosone/article?id=10.1371/journal.pone.0010047. DOI:10.1371/journal.pone.0010047.

RAHMAN S, SMITH D K, 2000. Use of location-allocation models in health service development planning in developing nations. European Journal of Operational Research, 437-452. https://doi.org/10.1016/S0377-2217(99)00289-1.

ZHANG Y, LIN D, MI Z, 2019. Electric fence planning for dockless bike-sharing services. Journal of Cleaner Production, 206: 383-393. https://doi.org/10.1016/j.jclepro.2018.09.215. DOI:10.1016/j.jclepro.2018.09.215.

ZHANG Y, MARTENS K, 2018a. An explorative analysis of group travel behaviour pattern in the public transit context//Transportation Research Board 97th Annual Meeting. [2021-03-30]. https://trid.trb.org/view/1495341.

ZHANG Y, MARTENS K, LONG Y, 2018b. Revealing group travel behavior patterns with public transit smart card data. Travel Behaviour and Society, 10(October 2017): 42-52. http://dx.doi.org/10.1016/j.tbs.2017.10.001. DOI:10.1016/j.tbs.2017.10.001.

| 第六章 |

数字城市治理的未来

DIGITAL URBAN GOVERNANCE

一、人工智能时代的城市治理

（一）从数字治理到智慧治理

在未来，人工智能技术将更广、更深地融入城市治理的各领域中。具体来说，城市治理将充分依托于一系列人工智能技术，实现更精细化的治理，未来城市不仅可以进行智能思考，还可以更主动、更智慧地行动，城市将发生从"万物互联"到"万物智联"、从感知智能到认知智能的重大转变。

1. 从数字化到智慧化

现阶段城市中广泛应用的技术主要还是信息技术，城市治理高度依赖于互联网、移动互联网、物联网等技术。这些技术可以对城市中的计算机设备、移动通信设备和其他各项城市设施（例如建筑、基础设施等）进行广泛联结，并通过信息采集终端进行海量的数据收集、分析和处理，因此城市的运行规律会被清楚地感知和认识，系统也会精准地对城市各项事务进行预警、指挥和治理应对。例如，第一章中提到的"互联网＋"网格化的治理模式即是一个突出案例。这一模式下，治理重心向基层下沉，并依托网格员解决"最后一公里"和"最后一步路"的问题。此外，网格化下的精细治理模式，有着较低的公民参与门槛，可以形成良好的监督反馈机制，形成多元治理的互动模式（张育雄，2018）。

当技术发展到一定阶段，城市治理也从数字化向智能化、最终向智慧化转变。从技术基础来看，智慧化的城市治理主要依托的是人工智能技术。如果互联网和物联网技术的核心目标是联结和感知，以及尽可能全面、准确地为人工决策提供城市信息和判断依据，那么人工智能技术的最终目标则是将人从各项繁复的城市事务中解放出来，突破人力资源的约束。第四章所介绍的杭州城市大脑案例就是一个较为典型的运用人工智能辅助城市治理的案例，这一类城市智能运营智慧中心实现了初级智能化，在交通治理领域基本实现了计算机智能决策管理。除了形成具有整体性思考能力的城市大脑之外，智慧化的城市治理更加强调行动力（高奇琦和刘洋，2019）。这里的行动力指可以将通过算法不断自我学习和深度学习的结果付诸行动。目前，城市的行动力绝大部分还是依靠人工设施，而并不具备独立行动的能力；且数字化城市系统网络中的每个节点只负责信息的采集、分析和传递，但却受限于整个网络的通畅。

城市智慧治理中，人工智能芯片是实现智慧城市中独立行动单元的关键技术，可以突破传统智能终端工作方式的局限（高奇琦和刘洋，2019）。传统的智能终端工作方式通常依赖一个后台的人工智能服务器（如城市大脑），集成各种算法，用来分析采集终端（传感器、摄像头、移动设备等）传输的各项城市数据和用户需求，处理完后再将信息传递给终端和用户。

一旦一个环节出了问题，或者传输中遇到障碍，整个城市的智能中枢都会受到影响。而人工智能芯片则可以使每个终端都根据用户的信息进行个性化的自主学习，并自动做出决策判断，不需要与后台的"大脑"服务器进行信息的输入和结果的输出。因此，当城市治理进入智慧化阶段，城市中的每个终端都将成为一个具备独立自主学习和行动能力的单元主体。

2. 从"万物互联"到"万物智联"

物联网技术使得城市中"万物互联"成为现实，智慧管网、智慧消防、智慧园区、智慧农业等无一不有物联网的身影。物联网技术发展的一个显著特征就是大数据时代的到来，而单靠人力无法完成对大数据的筛选、分析、数据挖掘等任务。因此，人工智能技术与物联网的结合是必然趋势，人工智能作为物联网顶层数据处理中心，正推动世界走向"万物智联"。

近年来，物联网成为城市智慧化、智能化发展的重点之一，各类传感器遍布在城市中，使得信息采集变得简单而高效。物联网即"物物连接的互联网"，是新一代信息技术的重要组成部分，其核心和基础仍是互联网，只是将用户端扩展到了任何物品与物品之间，进行信息交换和通信（恒星物联，2021）。物联网诞生之初，只是作为连接、收集物与物信息的工具，但随着"万物互联"时代的到来，物联网的含义逐渐从 IoT（Internet of things）扩展到了 IoE（Internet of everything）（杨震等，2016）。当我们将目光放到 2020 年，物联网连接数首次超过非物联网连接数，这也意味着"更透彻的感知"和"更全面的互联"这两大物联网技术的发展目标已经基本实现，"更深入的智能"成为当前阶段下物联网发展的焦点，这个世界正从"万物互联"时代迈向"万物智联"时代。人工智能与物联网的结合加快了人类迈向"万物智联"时代的步伐，并诞生了一个新名词——人工智能物联网（AIoT）。AIoT 融合了人工智能（AI）和物联网（IoT）两项技术，指的是由物联网设备产生和收集海量数据并将这些数据上传、存储至云端，再通过各类人工智能技术来对这些数据进行深入挖掘分析，由此实现万物数据化、万物智联化。人工智能与物联网结合下创造出的"智能设备"，可以在没有人为干预的情况下做出精准、明智的决策。

AIoT 由四层次模型构成，从上到下依次是：感知识别层、网络传输层、信息处理层、综合应用层。简单而言，AIoT 就是基于感知识别层收集到的、网络传输层传输的、信息处理层自主分析利用的信息，然后将特定信息反馈给终端设备并要求其完成指令。第一，感知识别层利用射频识别（RFID）、红外感应器、全球定位系统、激光扫描器等信息传感设备以及嵌入式系统技术，将任何物品与互联网相连接，并通过识别、定位、追踪、监控等方式获取物品信息。人工智能技术在这里可以增强传感器功能，提高数据的可用性。第二，网络传输层会利用互联网、无线宽带网、无线低速网络、移动通信网络等各种形式传递海量信息，实际上起到了纽带的作用，对上可以将感知识别出的信息传输至信息处理层进行分析处理，对下也可以传输信息处理层处理得出的各项命令。第三，信息处理层主要依靠人工智能技术的自主性，解决海量数据的存储、分类和安全问题，并基于各类算法分析，得到指令结果。人工智能在这一层的应用不仅能提高人类工作效率、改善工作流程，还能深入分析海量数据，以提升决策的针对性、创新性和系统性。第四，因为信息处理层形成的各类指令还需要物联网和终端设备来实施，因此，综合应用层就是各个领域或行业、企业根据自身需要所设计的物联网终端设备。

物联网与人工智能的结合，是两项技术发展的必然结果。物联网需要借助人工智能以解锁巨大潜力，拓展应用边界；而人工智能也同样需要物联网作为平台载体来推进应用落地。因此，人工智能和物联网可以看作相辅相成的共同体，两者结合所发挥的合力能更有力地推动城市走向"万物智联"。

3. 从感知智能到认知智能

当前，各类技术在城市中的广泛应用使得许多城市已基本具备了"能听见、能看见、能感知"的能力。为了加快实现城市治理现代化，加强城市中服务与政策决策的智慧化程度，提高人工智能技术的应用范畴、推动人工智能技术朝着更高层次的"强人工智能"发展成了大势所趋。

人工智能技术有三个层次：计算智能、感知智能、认知智能。顾名思义，计算智能即快速计算、记忆和储存能力；感知智能即听觉、视觉、触觉等感知能力；认知智能则显得尤为复杂，包括分析、思考、理解、判断等能力。随着算力的不断发展以及储存手段的迭代，计算智能已经实现；就感知智能而言，现阶段的人工智能技术也已达到或超越了人类水准，例如，人脸识别和语音识别就是代表感知智能的两大应用技术。然而，距离认知智能还有一定距离。以当前大热的人脸识别技术为例，这一技术所需完成的仅是比对工作，而缺少信息进入大脑之后的加工、理解、思考等一系列认知步骤，因此，这一技术实际上还属感知智能的范畴而非认知智能。目前，学界和业界普遍认为，在实现计算智能和感知智能的基础上，人工智能正朝着认知智能这一目标全力进发。2020 年 1 月，阿里达摩院发布《2020 十大科技趋势》，将"人工智能从感知智能向认知智能演进"作为趋势之一。具体地，"认知智能将从认知心理学、脑科学及人类社会历史中汲取灵感，并结合跨领域知识图谱、因果推理、持续学习等技术，建立稳定获取和表达知识的有效机制，让知识能够被机器理解和运用，实现从感知智能到认知智能的关键突破"（阿里达摩院，2020）。简单来说，认知智能包括理解、分析、决策三阶段。理解阶段是根据感知智能环节的知识库内容构建知识图谱；分析阶段根据知识图谱发现数据间的显隐形关系，决策阶段则是给出可执行的解决方法（苏伦 AI 频道，2020）。因此，实现认知智能是一个巨大的挑战，因为这相当于让人工智能建立新的神经网络结构，模仿人类思考的方式，具备人脑掌握知识、进行推理和联想的能力。

若说对于计算智能和感知智能而言，最为重要的是算法和数据；那么在实现认知智能的过程中，让人工智能掌握人类的知识和常识成了关键，发展知识图谱（knowledge graph）技术则是重要突破点。知识图谱指的是知识图谱建立和应用的技术，是人工智能的三大研究范式之一——符号主义研究范式的一个典型代表（李振等，2019），于 2012 年由谷歌提出并成功应用于搜索引擎当中。这一技术融合了认知计算、知识表示与推理、信息检索与抽取、自然语言处理与语义 Web、数据挖掘与机器学习等，其核心在于对多模、多源异构数据和多维复杂关系的高效处理与可视化展示，将社会生活与生产活动中难以用数学模型直接表示的关联属性，融合成一张以关系为纽带的数据网络（AI 芯天下，2021）。知识图谱以结构化的形式描述客观世界中概念、实体及其之间的关系，将互联网的信息表达成更接近人类认知世界的形式，提供了一种更好的组织、管理和理解互联网海量信息的能力（李涓子等，2017）。在知识图谱中，我们不仅要关注知识点的丰富度，还要关注知识点之间的关联度，因为这些关联将赋予人工智能联想的能力，知识点的关联密度越复杂，人工智能就越"聪明"，认知智能程度也就会越高。与大数据和深度学习一起，知识图谱已经成为推动人工智能发展的核心驱动力之一。

在智慧城市中，由于知识图谱拥有最接近现实世界的数据组织结构，更符合人类的思维模式，因此成为城市中大数据处理的最有效和最直接的手段。利用知识工程可以为多源异构大数据添加语义知识，使数据产生"智慧"，由此完成从数据向信息以及知识的跃升。知识图谱也是推动智慧城市的重要技术保障，可以利用人类知识、经验、逻辑和方法论实现生产力转化。通过知识图谱对概念间的关系属性进行连接、转换，可以实现对业务规则的梳理、对流程可视化的控制以及对事物深层次关系的挖掘。此外，知识图谱还能够为城市中的居民应用、政府办公、政策制定等提供强大支撑。基于开放标准的统一框架，知识图谱使用同源分类法和词汇表来描述城市中所有部门通用术语的数据，有助于将生活、生产、政务等各领域的多源大数据在语义图上连接起来，直观展现出关系中的相关点，建成易于人类组织、管理和利用的动态知识库（金国庆，2019；冯静等，2021）。

（二）人工智能应用于城市治理的未来展望

1. 智慧交通

基于人工智能技术构建的城市智慧交通系统已成为城市交通治理发展的重要趋势。智慧化的交通信号调控以及无人驾驶作为智慧交通系统的两大重要组成部分，有助于切实提升城市道路效率。

造成道路交通通行缓慢、道路资源利用率低的一个重要原因是交通信号灯设置不合理。人工智能技术的应用有助于构建自适应的交通信号灯控制系统，该系统可以根据对道路信息的掌握和预判，自动测算道路车流量，进而形成自动化的分析决策，科学优化信号灯秒数，从而减少车辆在路口的等待时间。例如，2020年7月，江苏省苏州市高新区启用了江苏省内首个自适应交通信号灯控制系统，该系统由人行密度及行人动态热成像检测器、行人过街预警立柱两大部分构成，有效提升了行人过街的安全性和通行效率，并能实现全天候的自动控制交通信号灯配时功能（苏州日报社，2020）。

通过推广无人驾驶，也可以大大提升通行效率。无人驾驶汽车可以利用人工智能技术、云计算和机器人技术等进行路线的科学规划，指明车辆行驶的最优路线，并智慧地识别、避开各类路障，从而全方位提升通行速度。无人驾驶汽车的技术可以分为感知、决策和执行三大部分。"感知层"通过在车身配置摄像头和雷达等传感器，采集处理环境信息，实现对车辆环境的检测。在收到摄像机传输的图像和数据后，无人驾驶系统会通过深度学习等技术进行目标检测，对周围的环境、车辆、行人以及交通基础设施做出精准的分割和目标分类。"决策层"是基于深度学习和计算机视觉等算法而建立的模型，其目的是实时处理传感器接收到的数据，自动识别路况，并对车辆行为和道路上其他对象的行为进行精准预测，最终做出车辆行为决策，下达控制指令。"决策层"不仅需对多源感知数据进行准确快速的处理，还要负责路径规划、行为规划、速度和加速度控制以及轨迹规划等。"执行层"需负责按照系统决策结果对车辆进行控制，也就是说，车辆的各个操控系统通过总线与决策系统相连接，并能够按照决策系统发出的总线指令精准地控制驾驶动作，以实现车辆的自主驾驶（雪球，2020）。目前，无人驾驶还面临道德伦理、安全责任等方面的诸多问题，但美国加州已经从法律上允许无人驾驶汽车上路，这充分说明了无人驾驶技术的可行性（中国新闻网，2012）。

2. 智慧教育

个性化学习机会的拓展是新时代教育质量提升的表现之一，而人工智能在教育领域的应用则可以为学生提供更多个性化学习的机会。新一代儿童和青少年是伴随着技术的蓬勃发展而成长的，步调一致、时间和地点相对固定的传统学习模式已经无法满足他们对于学习的更高要求。人工智能技术为他们诉求的实现带来了可能。第一，利用数据挖掘、深度学习等技术，对学生的学习行为大数据进行分析，可以根据学生的不同需求和情况，有针对性地提供合理的学习路径和学习资源。第二，人工智能相关技术还可以通过构建沉浸式的虚拟学习环境，使得学生可以在任意时间、任意地点展开学习。第三，人工智能技术可以跟踪、分析学生的认知水平和情感状态变化情况，并做出一定的智慧反应，使学生以积极的态度展开学习。例如，智慧化教学系统通过模仿学生的认知和情感状态，可以将学习活动与其认知需求和情感状态进行匹配分析，以保证学习过程中学生的深度投入（刘德建等，2018）。

借助人工智能技术，即使在师生时空分离的情境之下，也可以有效提升教学质量和学习效率，从而保障远程教育高效开展。通常来说，此类应用主要依托外置型设备，例如计算机、穿戴设备、摄像头等。人工智能技术通过分析来自这些设备的数据，能够持续对学生和教师的行为进行跟踪，并对特定场景下的行为进行分析，从而做出面向特定对象的需求决策，再借助自适应学习支持系统将匹配的学习内容、教学专家和学习资源推送给不同的用户。

此外，通过智慧教学系统、智慧问答系统、智慧学习游戏、智慧教务管理系统、智慧决策支持系统等，人工智能技术在教育中也可以发挥主体性作用，替代教师等教学人员承担一些简单重复、烦琐低效的工作，使教师们有更多的时间和精力去思考和设计更有创新价值的教育教学过程和方法（张坤颖等，2017）。

3. 智慧政务

人工智能在政务服务中的应用越来越广泛。林立磐（2018）提出，当前人工智能在政务服务中的运用主要包括身份认证、智能客服、智能搜索、态势感知和智能机器人等，并且他认为人工智能在未来能够实现基于大数据的政务服务辅助决策等。仇卫文（2017）通过研究人工智能技术在政务服务领域的应用与难点，提出人工智能技术在政务服务的应用主要有验证手段、内容推荐、在线客服和信息处理等。从目标导向来说，人工智能可以通过以下三条路径，实现对政务服务质量和效率提升的赋能。

第一，可以有效提升政府服务管理效能。传统的行政审批流程存在审批环节众多、流程冗长复杂、部门协调困难等问题。人工智能技术一方面可以精准梳理和分析政务服务办理过程中各环节的办理信息，有效识别出冗余环节并对其进行精简，从而提升服务办事效率。另一方面人工智能技术的自动化特征使其以数倍于人力的效率实现证照、文件、公文的流转以及各类办事数据信息的传递，从而有助于破除传统政务服务中条块分割带来的数据和信息孤岛问题，实现政务服务跨部门、跨地域的高效协同（陈涛等，2018）。

第二，可以有效提升政府决策的科学性和准确性。过去纯依靠经验决策的方式已经逐渐展现出了其弊端。在人工智能技术的广泛应用下，政府的自由裁量权得到了较大限制，因而有助于促进社会公平。基于各类人工智能算法，政府各部门可以对数据信息进行深度分析，挖掘民众需求，从而为民众提供更为精准高效的服务。对于涉企服务而言，政府掌握了大量企业工商数据，因此在人工智能技术的辅助下，政府可以形成涵盖产业发展态势、市场活跃度、企业活跃度等信息的经济分析报表，不仅能为经济治理提供决策依据，也可以为企业推送个性化的政策，实现高质量的主动服务（艾琳等，2015）。

第三，可以有效提升政民互动效能。传统的政务服务提供过程中，由于时间、距离等的限制，公众往往只能在特定且有限的时间内与政府工作人员开展线下交流，在很多情况下，事情得不到一次性解决，沟通也无法高效开展。由于人工智能技术具有拟人化的交互能力，且对于公众信息有着充分和准确的掌握，因此可以更好地与公众开展互动。此类技术也可以代替人力实现全天在线，为公众提供更好的交互体验。此外，人工智能技术还可以收集、分析公众对于政务服务流程、工作人员态度等多方面的反馈信息，从而精准识别当前工作中仍存在的不足并据此做出改进（李焱冬，2008；陈涛等，2018）。

4. 智慧医疗

据估计，到2025年人工智能应用市场总值将达到1270亿美元，其中医疗行业将占到整体市场规模的五分之一（互联网医疗健康产业联盟，2018）。人工智能在医疗行业的应用主要是得益于医疗数据库的不断壮大以及机器学习对医疗数据的分析功能的不断提升。

人工智能在健康管理中的应用已有了初步的成效。基于对基因数据、代谢数据和表型（性状）数据的分析，人工智能技术可以有针对性地为居民提供饮食、起居等各方面的健康建议（董可男等，2017），由此可以规避疾病以及日常生活中的一些健康风险，必要时还会启动风险预警功能。

随着我国人口老龄化程度不断加剧，医疗资源不足的问题愈发突出，在这种情况下，人工智能在老年人健康管理中的作用就显得更为突出。传感器、可穿戴设施、护理床等智慧设备越来越多地出现在老年人健康管理领域，"人工智能＋医疗"的发展也催生了健康服务机器人、陪护机器人等新产业、新业态的诞生。例如，天津哈士奇机器人已面向全国的医院、诊所等进行推广。在杭州，机器人也在福利中心和养老机构得到了广泛应用，有70余家养老机构和40余家照料中心引进了具备健康检测、健康顾问、紧急报警与陪伴逗乐四项主要功能的"阿铁"养老机器人（杜壮，2017；王重光，2017）。

人工智能可以通过智慧医学影像诊断、手术机器人等推动医疗服务质量提升。智慧医学影像诊断是计算机在医学影像的基础上，通过深度学习，完成对影像的分类、目标检测、图像分割和检索工作，从而协助医生完成诊断、治疗等临床医疗工作（赵飞等，2018）。目前，智慧医学影像诊断最重要的应用之一便是诊断癌症。2017年，来自谷歌、谷歌大脑与Verily公司的科学家们就开发了一款能诊断乳腺癌的人工智能产品，准确率接近90%，远超病理学家近七成准确率的平均水平（高奇琦等，2017）。人工智能也逐渐被应用于治疗领域，最重要的应用形式之一是手术机器人。在现如今的技术下，手术机器人已能很好地辅助医生实施手术，尤其是在微创外科领域可以发挥有效而准确的作用，并不断向着更高级的阶段发展。例如，2016年5月，美国的儿童国家健康系统研究团队为提高手术的效率与安全性，开发了一款智慧组织自主手术机器人（smart tissue autonomous robot，STAR），这是全球第一台可以处理软组织的自主手术机器人。这款机器人的发明意味着随着科技的发展，机器人在未来可以真正接手外科医生的工作，为人类提供外科手术等医疗服务（高奇琦等，2017）。

二、数据开放为城市治理带来的机遇

大数据时代下，城市每天都有海量数据产生。作为重要的生产要素与核心资源，数据的开放，尤其是政府数据开放，成了推动城市治理效能提升、实现经济高质量发展的重要抓手。

依托各类新型技术，数字政府建设不断推进，政府积累了大量与民众生活、企业生产、社会运转等息息相关的数据。2015 年 8 月 31 日，国务院印发《促进大数据发展行动纲要》，明确指出要"加快政府数据开放共享，推动产业创新发展，培育新兴业态，助力经济转型"。2020 年 10 月 29 日，中共中央出台的《关于制定国民经济和社会发展第十四个五年规划和二〇三五年远景目标的建议》也提出"加快数字化发展，建立数据资源产权、交易流通、跨境传输和安全保护等基础制度和标准规范，推动数据资源开发利用，扩大基础公共信息数据有序开放，建设国家数据统一共享开放平台"。目前，推动政务数据开放已成为大势所趋，全国许多城市都已建立了公共数据平台，以此作为政务数据开放的载体。浙江省十三届人大六次会议于 2022 年 1 月 21 日审议通过并于 3 月 1 日起施行的《浙江省公共数据条例》是全国首部公共数据领域的地方性法规，旨在充分激发公共数据新型生产要素价值，为推动治理能力现代化提供浙江制度样本。

但总体而言，数据开放依然面临法制体系不健全、数据资源碎片化严重、数据人才紧缺等问题，因此亟待通过完善数据开放法制体系、建立科学的数据安全存储体系、推动数据要素市场化配置等措施，夯实数据资源体系基础，充分释放数据红利。

（一）数据开放的意义

1. 提升政府治理能力

跨部门的数据开放共享是新时代背景下政府治理能力提升的重要环节，对于加强部门协同、全面提升政府为民服务的能力有着重大意义。只有政府内部数据全面打通，才能实现对全社会有序、有效的开放。

过去，受技术以及体制机制的限制，政务信息数据存储的碎片化问题严重，许多政府部门之间数据信息无法实现互联互通、互相分享、整合利用，形成了一个个"数据孤岛"。这不仅增加了跨部门信息沟通的难度，也使得老百姓办事的流程变得复杂僵化。大数据时代下，通过建立统一的政务数据平台以及建设促进政务数据跨部门共享的制度架构，政府各个领域的数据得以打通，部门间"数据孤岛"问题得到了解决，原本散落在各个部门的数据如今可以得到统一的归集存储，由此大大提升了跨部门事务解决的效率。此外，基于统一的算法模型，可以对跨部门、跨领域的数据进行智能化、精细化分析，为公共服务、经济治理、环境治理等提供科学的政策支持。

2. 保障公民权利

从法律层面来看，知情权作为政府信息开放的权利基础或部分权利内容已获得普遍共识（陈尚龙，2016；张亚楠，2020）。《中华人民共和国政府信息公开条例》第一条中就明确指出政府信息有着"对人民群众生产、生活和经济社会活动的服务作用"。数据信息若只是汇聚于政府之手，不能被公民有效地获取和利用，那么就无法让公民形成自己的思想和意见，也就很难保障公民的表达自由（张庆福等，2002）。因此，为了让数据"取之于民，用之于民"，充分保障公众权益，政府应主动向所有公众免费地、无须授权地、无差别地开放政府数据，并应提供多种格式，以满足不同类型用户的需求（付熙雯等，2013）。

政府数据开放可以助推政府运作透明化，保障公民权利，推进公民社会建设。第一，开放数据是向公众赋权的重要举措之一。依据开放数据，公民可以更了解政府的政策取向，从而更高效地提出诉求和意见，以便于政府部门有针对性地改进政策。第二，熟知数据科学领域的公民个体和组织可以通过对政府开放数据进行分析解读，挖掘数据更深层次的意义，提供更全面的见解，为政府决策提供辅助。第三，数据开放有助于保障公众监督权，高效透明的行政过程也能够切实提升民众对政府的满意度和信任度。例如，上海最初公开政府数据就是从公权力大、公益性强、公众关注度高的"三公"部门入手，推进财政预决算、行政事业性收费、政府采购、重大建设项目、规划等数据公开（解放日报，2016）。这大大保障了上海市民的知情权和监督权，有助于推动政府有关政策的实施。

3. 推动社会融合创新

在政府不公开数据的情况下，企业和个人往往因为缺乏足够的数据资源而错失许多创新机会，因此开放数据对于推动社会融合创新来说至关重要。

政府数据开放有利于推动城市中的新技术和新业态发展。开放数据不仅为大数据、云计算、移动互联网、物联网、智慧物流等相关技术领域的衍生创新发展提供良好的基础和环境，也有助于推动新产业和新行业的创新。基于开放的政府数据，企业能够更快速便捷地获取数据信息，利用数据资源创造更多的商业价值，提升企业创新能力和核心竞争力，因而可以带动某些行业和产业的创新发展。例如，美国政府通过开放天气数据，催生了强大的天气风险管理行业，行业产值是整个欧洲的 60 倍、整个亚洲的146 倍（唐斯斯等，2018）。

对于民众而言，政府数据开放有助于降低公民创新的成本和门槛，引导公众进行价值共创，激发多元主体的创新活力，从而进一步推动数字城市治理水平的提升以及公共服务的创新供给。例如，浙江省举办数据开放创新应用大赛，鼓励企业、社会组织和个人使用政府公开数据进行应用程序的创新，涉及交通、健康、教育、生态、公共安全等重要公共服务领域；同时，数据开放创新大赛也鼓励参赛人员充分挖掘社会数据的创新潜力，推动其与政府数据的融合创新，由此实现了多源大数据的高效协同利用。

（二）数据开放的未来展望

1. 构建完善的数据开放法制体系

强有力、切实可行的法律规制有助于保障政府数据开放的顺利开展并确保公民、企业有序参与数据的开发与利用。

构建完善的数据开放法制体系，一是要构建立足于数据开放地方实践的法律法规体系。目前，国内许多城市，如北京、上海、杭州、贵阳等，在数据开放上已经积攒了较多实践经验，也形成了许多优秀成果。然而地方的立法权有限，在进行探索时，有时会难以解决现实中遇到的复杂问题。因此，地方在数据开放上应向中央争取更高的立法权限，同时，在规则的制定过程中，需集中更多法律和大数据专家力量，提出更加符合实际的规则或方案。例如，浙江于 2020 年 6 月发布《浙江省公共数据开放与安全管理暂行办法》，内容涵盖数据开放、数据利用、数据安全、监督管理、法律责任等多个方面；2021 年 11 月 29 日，上海人大发布《上海数据条例》，包括总则、数据权益保障、公共数据、数据要素市场、数据资源开发和应用、浦东新区数据改革、长三角区域数据合作、数据安全、法律责任和附则等。

二是要在制度设计上明确相关质量要求，作为提升数据治理能力的基础。数据质量是城市数据治理能力的试金石，可以从侧面反映出一个城市政府的治理能力。有效的数据治理应当从源头开始对数据质量进行严格把控，首要的即是在法律和相关规范中对数据质量有关要求做出明确规定。目前，许多城市还存在各部门各层级上传数据要求、格式、内容不统一的情况，政府数据开放门户网站上也欠缺全面、完整的元数据。未来应制定和实施政府数据开放标准的规范体系，尽快建立政府数据采集质量保障，加快建立政府部门、事业单位等公共机构的数据开放标准体系（宋华琳，2018）。以美国为例，美国已形成了以《信息自由法》《隐私权法》《开放政府指令》等为代表的一系列规范数据开放的法律条文。在标准规范上，从数据源头出发，美国也制定了元数据治理标准等一系列数据开放的技术标准，有效规范了数据开放行为（王晓冬，2021）。

三是要进一步明确数据权属，尤其是公民的数据权。2010 年，英国首相戴维·卡梅伦首次提出"right to data"（数据权利），认为信息时代下每位公民都享有数据权利（马海群等，2016）。从目前我国数据权制度设计来看，逐步完善数据权属、权利等规则的立法建议早在 2018 年第十三届全国人民代表大会第一次会议议案中便明确提出；国家层面数据权立法进程不断加快，地方层面有关数据权立法的实践也纷纷展开。例如，2020年7月15日深圳市司法局发布的《深圳经济特区数据条例（征求意见稿）》是国内首个提出个人享有数据权的政府文件。该征求意见稿的创新之处在于明确数据权是权利人依法对特定数据的自主决定、控制、处理、收益、利益损害受偿的权利，并首次在政策层面提出自然人、法人和非法人组织依据法律、法规和该《条例》的规定享有数据权（深圳特区报，2020）。

2. 建立科学的数据安全存储体系

对于多源、大量的城市数据，尤其要极度重视保障数据安全。因此，未来数字城市发展必须建立科学的数据安全存储体系，除了提防数据破坏、数据丢失等传统安全威胁外，还要防止泄漏公民隐私和电子政务信息。

在公民数据保护方面，温州市提供了对集成个人数据隐私的保护方案。2019年10月，温州市基于省市公共数据平台上线"个人数据宝"应用系统，将个人信息调度回用户本人，并提供一系列保障数据安全服务，有效保护了其数据产权及个人隐私，防止城市政府部门在履职过程中滥用公共数据，提升政府公信力。具体来说，该系统利用区块链技术对个人数据生产资产云凭证，即把个人信息的数据访问权、可携带权、纠正权、自主决定权、知情权和使用权等数据权益，悉数交还给数据所有者本人。而当相关部门需要调用市民个人数据时，必须经过市民用户授权区块链数据标识号。同时，所有平台数据访问日志都将上链，保证每次数据调用都可溯源且不能篡改，且用户可在"调阅记录"中查看本人数据每次被调阅使用的记录，一旦发现违规调阅情况，即可在线投诉至市大数据局（最多跑一次，2020）。

在城市数据保护方面，为提高数据中台体系的安全性，2020年7月，江苏省无锡市与国家计算机网络与信息安全管理中心签订战略合作协议，建设无锡市网络安全综合管理平台。目前，已正式上线运行"锡盾"网络安全综合管理系统平台，"锡盾"平台可实现对涵盖党政机关和重要企事业单位的 5000 个网站和 1000 个重要信息系统的不间断网络安全预警监测，对全市 1 万个网站的僵尸、木马、蠕虫病毒进行检测。自试运行以来，平台累计监测发现、通报网络安全漏洞 200 余个，均已及时整改到位。该项目打造了全局性城市网络安全防护体系，为未来的"数字无锡"建设保驾护航，并已入选"2021 年江苏省网络安全优秀实践案例"（中国江苏网，2021）。

3. 推动数据要素市场化配置

2020 年我国出台《关于构建更加完善的要素市场化配置体制机制的意见》，首次从政策层面上明确将数据作为一种新型生产要素，这一文件也为推进数据要素市场化改革指明了方向。在政策引领下，政府、企业纷纷参与数据要素市场建设，积极探索数据价值转化的可行路径。

推动数据要素市场化改革的核心是要构建完善的市场机制，推动数据交易市场建设，为流通交易提供规范的交易途径，例如，贵阳、北京、上海等地通过建设数据交易所，推动数据要素合规流动和交易。2021 年 11 月 25 日，上海数据交易所正式揭牌成立。针对数据交易确权难、定价难、互信难、入场难、监管难等关键共性难题，上海数据交易所推出了一系列创新举措，在全国范围内当数首创。一是打造全国首个数商体系，涵盖数据交易主体、数据合规咨询、质量评估、资产评估、交付等多领域，培育和规范新主体，构筑更加繁荣的数据流通交易生态。二是确立全国首个数据交易配套制度，以"不合规不挂牌，无场景不交易"为基本原则，针对数据交易全过程构建一系列制度规范。三是建立全国首个全数字化智能数据交易系统，保障数据交易全时挂牌、全域交易、全程可溯。四是推出全国首个数据产品登记凭证，通过数据产品登记凭证与数据交易凭证的发放，实现一数一码，可登记、可统计、可普查。五是全国首个数据产品说明书，以数据产品说明书的形式使数据可阅读，将抽象数据变为具象产品（央视新闻，2021）。

4. 鼓励跨区域合作的数据开放模式

近年来，城市之间在经济发展、公共服务、环境保护等多领域的合作治理不断加深，多中心城市群和城市区域协同发展模式盛行。数字化趋势下，数字城市不仅应考虑对城市范围内的数据价值进行充分开发挖掘，还须探索区域合作的数据开放模式，形成数据共享互通的业务机制和技术路径，以实现数字城市高质量协同发展。

目前主流的发展趋势分别是建立城际数据合作通道和区域统一的数据共享平台，其中具有代表性的案例之一是川渝城市群。近年来，川渝两地16 个城市签署了 78 项大数据协同发展合作协议，其中包括《川渝网信领域协作框架协议》《工业互联网一体化发展示范区战略合作协议》等战略性框架协议，以推动大数据协同发展合作，统筹建设区域大数据资源中心、区域城市大脑。同时，两地省市政府在政务服务方面共同建立了"川渝通办"服务专区，调度两地公民数据实现跨地域的协同办事。截至 2021 年，川渝已经实现 144 个部门单位的 5460 类城市数据互挂共享，并推动了 210 项数据公共服务共建，通过跨边界多领域跨部门的数据调用，平均每天办件 1.5万件，让数据充分赋能城市群协同发展（重庆日报，2021）。

在建立城际数据合作通道上，广东省江门市与澳门特别行政区、香港特别行政区提供了一体化数据互联的发展方案。2021 年 4 月和 9 月，"江门—澳门跨境通办政务服务专区"和"江门—香港跨境通办政务服务专区"启用，借助区块链，通信科技和数据共享等技术，建成了三地城市政务数据合作通道，三地市民有约 400 项政务事务可以选择使用远程视频方式办理，实现商业登记、税务、人社等领域的双向跨境通办，深化了江港和江澳数字城市间的融合发展（江门市广播电视台，2021）。

5. 推进面向全社会的数据开放

根据复旦大学《中国地方政府数据开放报告（2020 下半年）》，截至 2020 年 10 月，已有 6% 的省级行政区（不含港澳台）、73% 的副省级城市、35% 的地级行政区开通政务数据开放平台，政府数据开放平台累计达 142 家。平台有效数据集开放数量方面，2020 年比 2017 年增长超过 10 倍，覆盖各省份关键领域、主要部门及疫情防控类信息（复旦大学数字与移动治理实验室，2021）。

目前，我国部分城市在加速城市数据的共享流通和开发利用方面已有先行探索。国家级山西转型综合改革示范区规划中心启动了"数据融合共享及开发利用为核心的智慧园区信息化项目建设运营统筹管理体系"建设：一是将数据备案与项目建设验收挂钩，确保所有符合标准的业务系统数据及时登记到开放数据库中；二是建立数据共享审批机制，对城市中不同数据审核后统一共享；三是建立项目级数据共享质量评价机制，每一个封装数据集都会由专家评价，促进被共享的数据质量提升；四是建立常态化的数据需求挖掘机制，持续增强产业园区企业的数据挖掘能力。截至 2021 年 1 月，该项目已有效核减新业务系统重复采集 150 余种，改用共享开放方式向新建业务系统提供已有数据；16 个业务系统数据已经全部开放，持续提供具有数据共享输出标准的高质量城市数据，面向园区企业开放各类城市数据 500 余种。依托城市数据管理与开放利用反哺企业，企业转型与产品创新速度明显加快，园区招商服务效率及园区经济产值在一年内均提升了 20% 以上。

在国外的开放数据实践中，英国政府开放数据项目取得了较好的进展。作为全世界最大的政府数据开放网站，英国政府于 2012 年 12 月出资建立了世界上首个开放数据研究所 The Open Data Institute（ODI）。ODI 聚集了世界级的专家，帮助企业改革研发并探索开放数据机会，通过合作促进创新，培养孕育和引导新的数据想法。截至 2014 年，ODI 已有 46 个成员机构，人数已达到 117000 人，其目标在于与企业联合，研究分析英国政府开放数据，培育创新产品和创新服务（庆斌，2014）。根据 YIU（2012）的调查发现，英国政府通过开放数据，估计在减少福利系统中的诈骗行为和错误数据方面为英国政府节省 10 亿至 30 亿英镑；有效追踪逃税和漏税为英国政府节省 20 亿至 80 亿英镑。在人口普查方面，英国国家统计局（Office for National Statistics，ONS）可以通过英国政府开放数据来评估英国人口总数，实行虚拟人口普查而取消人口普查业务，此举不仅可以实时获得人口普查结果，而且可以为政府节省 5 亿英镑以上。

三、未来城市治理面临的挑战

（一）人工智能技术应用于城市治理的风险

1. 智能技术的安全风险

首先，技术系统存在脆弱性问题。一方面，停电等问题会使得技术变得不可用。例如，2021 年，河南由于遭受极端暴雨引发了严重洪涝灾害，大面积的停电停网使得手机支付、电话通信等最基础的功能都变得不可用。若此类事件发生在人工智能技术广泛应用的情况下，那么给城市运营和居民生活带来的负面影响则不可估量。另一方面，人工智能的快速发展使得网络安全的风险点和攻击方式发生了变化，网络攻击者可以通过漏洞控制人工智能算法，从而使得城市运营的稳定和公众的安全受到严重威胁。人工智能时代下，黑客攻击的目标转向了能源、交通等与城市人民生活息息相关的基础设施。尤其是在未来，当城市实现"万物互联""万物智联"，那么黑客入侵带来的可能是一系列连锁反应。

其次，伦理安全也是人工智能技术发展的一大隐忧。伴随人工智能技术的发展，人们开始担心人工智能技术的发展会僭越伦理规范预设的行为边界，对人类的生存产生威胁。例如，2017 年，美国 Facebook 公司实验室中的两个人工智能机器人使用机器学习相互对话，并不断进行对话策略迭代升级，逐渐发展出了一种机器之间能理解但人类无法理解的语言（新华网，2017）。这一案例说明，人工智能通过深度学习，可能会演化出"自我意识"，未来甚至会代替人类做出分析和决策。根据现有人工智能技术的发展态势，有专家预计，21 世纪中叶极有可能出现"具有人类思维水平的机器智能"，甚至出现能够相互学习、相互作用、自我完善而不断升级的"超级智能组织"，而这些具有自主意识的超级智能有可能反过来对人类进行控制和统治，进而带来反噬风险（邓文钱，2020）。

最后，人工智能也给安全隐私带来了巨大挑战。城市中大范围布置的传感器、摄像头等设施是实现城市治理智慧化的基础，这些设备实时采集着个体行为、社会运作的动态数据。此类包含大量隐私的数据在收集、存储、使用的过程中，可能会发生数据泄露、违规使用、非法交易等问题，使个人隐私、企业利益、国家安全等受到严重损害。例如，2018年3月剑桥数据分析公司被爆出对 Facebook 上 5000 万个人用户资料进行不当分析，并干扰 2016 年的美国大选（界面新闻，2018）。此类问题引起了许多国家和城市的高度重视。例如，2019 年 5 月 16 日，美国旧金山市政府就通过了《停止秘密监察条例》法案（Stop Secret Surveillance Ordinance），明令禁止旧金山的政府机构使用人脸识别技术，并将"靠人脸识别技术获得某些信息"列为违法行为（观察者网，2019）。

2. 算法偏差与算法歧视问题

在城市治理以及公共政策制定时，人工智能算法预测的巨大偏差会引发较大的政治社会风险。基于有偏误的数据，人工智能算法得出的政策方案本身就是有偏差的，或者只适用于某些特定情境而不具有普适性（吴进进等，2021）。

数据中本身存在的"偏见"或者数据样本量过少可能是引起算法偏差最主要的原因。例如，2015 年，Google 的照片应用错误地将两个黑人的照片标记为大猩猩，这是因为该算法没有经过足够深色皮肤图像样本的训练（创见网，2015）；在一场选美大赛中，人工智能法官大多选择白人参与者作为获奖者，因为它的训练主要是针对白人的图像进行的。在城市中，尽管许多数据是通过设备进行采集的，但是这些设备的布局可能是人为决定的，因此数据采集本身就存在一定的偏差。此外，"算法黑箱"也会引起算法偏差（梁宪飞，2020）。当深度学习算法过于复杂时，人们就很难找到基于算法的决策背后的原因，也就是说很难知道算法是如何得出结论的，这也使得很难找到和抵消算法中有偏见的部分功能。

算法偏差会进一步导致人为偏差的放大。人工智能算法的本质是在用过去的经验预测未来的结果，而过去的经验中歧视和偏见可能会在算法中固化并在未来中得到强化和扩大（梁宪飞，2020）。当人们倾向于相信人工智能算法精密计算下的结论，认为软件是没有偏见的，就会忽略了其实这些结论已经承继了人类价值取向中的偏见。基于这些人工智能算法驱动下的结论，人们会做出背离设计初衷的错误决策，并进一步为这些算法创建更多有偏见的数据。总体而言，人工智能体现出的偏差问题大多数来自在学习人类语言的时候承继了人类本身的价值导向和行为偏好，此类"偏见"反映到算法当中，就会演化成为算法歧视。因此要解决算法偏差及其带来的歧视问题，人们其实应当从自己的价值取向和行为偏好入手，去"修复"自身的偏差。

此外，也须谨防算法可能带来的"信息茧房"问题。"信息茧房"（information cocoons）由美国学者凯斯·桑斯坦提出，即用户在海量信息中只选择感兴趣和悦己的主题，从而构成一套"个人日报"式的信息系统，窄化不同群体的社会认知，使其排斥或无视其他观点与内容（MBA 智库，2021）。近年来，算法引致"信息茧房"的观点盛行。《人民日报》就曾经三次评论算法推荐，指出算法会自动过滤"不感兴趣""不认同"的异质信息，久而久之，公众的信息接收渠道变窄，资讯获取渠道也会变得单一（乙智，2018）。从整个社会发展来看，"信息茧房"可能会带来不同群体的社会价值分化、冲突和极端表现，造成社会的不稳定。

3. 技术理性与人文温度的冲突

随着人工智能技术的应用更加广泛而深刻，技术理性与人文温度的冲突显得愈发突出。技术至上的观念过于强大，不仅仅在于城市管理者对于技术的盲目追求、过分依赖和不当使用，更体现在技术对于治理本质与核心的"统治"。技术可能会使治理变得"物化"，一味依靠数据和算法进行的决策缺乏应有的人文温度。从长期来看，技术的大范围使用可能会限制城市管理者创新和思维能力的提升，使其丧失对城市问题进行理性、全面的辩证思考的能力。而若将复杂的城市治理问题简化成为一串串代码或数据，那么城市治理模式将会变得僵化而冷漠。

因此，不能一味依赖数据和技术进行决策，而忽视了人类的主观能动性。尽管通过深度学习等方法，人工智能技术能够和人一样，具备思考和决策的能力，但是技术不能在理性之上兼顾感性认知，在追求效率的同时也顾及伦理、价值观、情感和文化（苏竣等，2019）。对于城市管理者而言，他们更应当坚守治理的核心是"人"。在应用人工智能技术时，不能形成绝对依赖数据和算法的思维模式，而是要利用算法的结论为治理或服务决策提供科学依据，充分发挥人的主观能动性，做出更有人文温度的决策，并要不断反思技术的宰制及其危险，以规避其可能产生的不利影响（付秀荣，2021）。

4. 对就业的冲击

人工智能对于就业的影响具有两面性。一方面，人工智能可以替代人力从事一些需要重复性操作或安全性较差的工作，不仅能提升劳动生产率，解决一些领域的劳动力紧缺问题，还可以催生一些新产业新业态。另一方面，由于机器人工作效率更高，且成本会逐渐低于人力成本，因此机器换人是人工智能时代下的必然趋势；与以往机械代替人类的体力劳动不同，人工智能技术可以使得许多脑力劳动也得到替代，因此可被替代的工作范围得到了大大拓宽（Agrawal et al.，2018）。

人工智能技术对于低技能工作人群的替代作用是毋庸置疑的。Frey 和 Osborne（2013）就曾预测，大部分运输业和客运业以及公关行业都有可能被人工智能所取代，地产经纪自动化的概率达到了 86%，销售业与服务业人员被智能技术和机器所替代的概率达到了 92%，而会计和审计人工智能化的概率更是达到了 94% 之高。我国第二、第三产业中的许多传统劳动密集型产业也成了机器换人趋势下的失业"重灾区"（周文斌，2017；蒋南平等，2018；张于喆，2019）。在这种情况下，社会不公平问题将会进一步加剧。具体地，有些工人可能会以较低的工资来完成远远高于以往种类和数量的工作，这是因为工人们不愿意被技术取代而进入失业状态。由此带来的贫富差距问题将对社会稳定带来巨大的负面影响。

智能技术对于高技能、高收入人群也有着一定的替代性。布鲁金斯学会在 2019 年的一项报告显示，受教育程度更高、收入更高的劳动者也将越来越多地面临失业风险。这是因为部分高薪职业（例如实验室中的实验人员和研究人员）可能不需要具备人工智能所缺乏的人际交往技能，因此更容易被人工智能所取代（Brookings Institution，2019）。波士顿咨询公司与中国发展研究基金会联合发布的研究报告也表明，到 2017 年，将有 230 万个金融行业岗位因人工智能的应用而被削减，这一数字大约是金融业就业人口的 1/4（波士顿咨询公司等，2018）。可见，即使在较为高端的金融行业，人工智能对就业结构的强大冲击也不容忽视。

（二）数据开放带来的挑战

1. 数据开放与安全法规体系有待完善

2021 年 6 月 10 日通过的《中华人民共和国数据安全法》首次对政务数

据开放做出明确规定，是我国首部数据安全领域的基础性立法。这部法律体现了总体国家安全观的立法目标，聚焦数据安全领域的突出问题，确立了数据分类分级管理，建立了数据安全风险评估、监测预警、应急处置，数据安全审查等基本制度，并明确了相关主体的数据安全保护义务（王春晖等，2021）。但是，从已有的情况来看，我国数据开放与安全的法制体系建设仍滞后于政府数据开放实践。

一是缺乏政府数据开放许可协议。政府数据开放不仅需要国家法律、政策保障，也需要相关许可协议的约束。英国《英国政府许可框架》、美国联邦政府的CC0许可协议、法国"Licence Ouverte"政府数据开放许可协议等都能够有效保障该国的个人隐私及国家安全，但我国没有任何一个政府数据开放许可协议来保障数据的深度开放利用（黄如花等，2017）。

二是地方探索不足。目前政府数据共享开放地方性法规仅有几个城市具备，例如《贵阳市政府数据共享开放条例》《上海市公共数据开放暂行办法》等。然而许多数据都沉淀在城市或者更基层的层面，主要为地方政府及其人民所用。因此各个城市也须在国家法律法规的基础上建立起符合地方实践实际的法律规章体系。

2. 数据资源碎片化问题

首先，许多部门为了信息化而信息化，建设了烦冗的系统和数据库；政府体制机制上的条块分割问题也带来了系统的条块分割，因此许多地方政府的部门间都存在严重的"数据孤岛"现象。例如，在"十一黄金周"期间，许多大城市的拥堵问题都十分严重。背后的重要原因之一就在于交通与文旅系统的数据不能互通，交通部门无法及时获取文旅部门的数据，也就无法准确预测交通，并对可能发生的拥堵进行预判和预先处理。

其次，城市间的数据资源不开放互通，阻碍了区域间人口流动和公共服务均等化。以健康码为例，诚然，2020 年 3 月健康码的推出为疫情防范、复工复产提供了极大的便利。但当时，全国各省市推出的健康码多达近百种，各省乃至各市都有各自的健康码系统。而由于区域间数据开放的程度不够，各地健康码不能互认，因此许多务工人员无法成行。

最后，城市政府在推动数据开放时只是将各部门、各层级归集的数据进行开放，而对于其他与市民生活更为息息相关的数据却没有公开，例如生态环境相关监测数据、城市有关物联网数据等。此外，政府数据开放也应注意与多源社会大数据的融合，目前在此方面的探索不足可能是企业向政府共享数据的机制尚未建立、企业数据本位意识较强、政府开放数据程度不足等原因导致的（郭明军等，2019）。

3. 数据人才紧缺

目前全球数据量正以平均年增长率 50% 的速度增长。IDC 咨询公司的预测显示，2020 年全球数据总量将达到 44ZB，中国的数据总量超过 8ZB，占全球数据总量的 18%，而到 2025 年全球数据总量预计将达到 175ZB（SD 科技制造，2021）。巨大的数据量同时也意味着对数据科学家和数据人才的需求正在攀升；同时在城市管理中，各部门对于既精通数字技术又懂城市运营的专业人才的需求也十分旺盛。

目前数据人才紧缺问题在国内城市乃至国际上各大城市都普遍存在。从国际来看，2014 年《华尔街日报》称，数据科学家这个职业在 2013 年前基本不存在，但如今已成为高科技劳动力市场上最热门的职位之一（吴成良，2014）。麦肯锡研究院 2011 年发布的报告也提出，到 2018 年，全美范围内在大数据相关的管理与分析人员方面，还有可能出现 150 万的用工缺口（涂恬，2014）。从国内来看，2010 年时就有专家提出，未来五年，中国大数据人才需求至少为 100 万人，而当时已有的大数据人才还不足 10 万人（陈桂龙，2015）。根据中国信息通信研究院发布的《数字经济就业影响研究报告》，2020 年我国数字化人才缺口接近 1100 万，该人才需求缺口依然在持续扩大（光明网，2021）。因此，不难看出，当今数据人才已成为数字化时代各个国家、各大城市提升核心竞争力的重要人力资源。

总体而言，尽管人工智能技术的发展和当下数据开放趋势给未来城市治理带来了许多机遇，但也带来了许多不确定的挑战，需要做好准备去应对。在广泛应用人工智能技术时，应考虑到智能技术可能存在的安全风险以及算法偏差与算法歧视等问题；也要理性看待基于技术和数据的运算结果，在最终决策中充分体现人文关怀；此外，就人工智能技术应用可能带来的就业方面的风险，政府也需有一系列应对政策和措施，力争抵消人工智能对就业的负面影响，并维护社会的稳定与和谐。在开放数据库不断壮大的趋势之下，数据开放与安全法规体系不完善、数据资源碎片化、数据人才紧缺等问题也需得到充分的重视和解决。

参考文献

AGRAWAL A, GANS J, GOLDFARB A, 2018. Prediction machines: the simple economics of artificial intelligence. Harvard Business Press.

AI 芯天下，2021.《2020 年面向人工智能新基建的知识图谱行业白皮书 》.[2021-12-31]. https://www.163.com/dy/article/FTOLOFSG05383ZUN.html.

Brookings Institution, 2019. Automation and Artificial Intelligence: how machines are affecting people and places.[2021-12-31]. https://www.brookings.edu/research/automation-and-artificial-intelligence-how-machines-affect-people-and-places/.

FREY C B, OSBORNE M, 2013. The future of employment.

MBA 智库，2021. 信息茧房 .[2021-12-31].https://wiki.mbalib.com/wiki/%E4%BF%A1%E6%81%AF%E8%8C%A7%E6%88%BF.

SD 科技制造，2021. IDC 发布最新大数据支出指南：2025 年中国大数据总体市场规模将超过 250 亿美元 .[2021-12-31]. https://www.sohu.com/a/484571985_121124366.

YIU C, 2012. The big data opportunity. Policy exchange, 8.

阿里达摩院，2020. 达摩院 2020 十大科技趋势 .[2021-12-31]. https://damo.alibaba.com/events/57.

艾琳，王刚，2015.重塑面向公众的政务服务 .北京：社会科学文献出版社 .

波士顿咨询公司，中国发展研究基金会，2018. 取代还是解放：人工智能对金融业劳动力市场的影响 .[2021-12-31]. https://web-assets.bcg.com/img-src/BCG-CDRF-The-Impact-of-AI-on-the-Financial-Job-Market_Mar%202018_CHN_tcm9-187844.pdf.

陈桂龙，2015. 九三学社中央：加强大数据人才队伍建设 . 中国建设信息，(7):21.

陈尚龙，2016. 论政府数据开放的理论基础 . 理论与改革，(6):104-107.

陈涛，冉龙亚，明承瀚，2018. 政务服务的人工智能应用研究 . 电子政务，(3):22-30.

仇卫文，2017. 人工智能技术在政务服务领域的应用与难点 . 电子技术与软件工程，(20) :259-260.

创见网，2015. 谷歌照片应用误将黑人照片标记为大猩猩 . [2021-12-31]. https://www.chinaz.com/news/2015/0702/418974.shtml.

邓文钱，2020. 人工智能时代的风险隐忧和制度防范 . 人民论坛，(34):69-71.

董可男，王楠，2017. 智能医疗时代的曙光——人工智能＋健康医疗应用概览 . 大数据时代 (4):26-37.

杜壮，2017. 智能机器人，让养老从难变易成为可能 . 中国战略新兴产业，(13):48-50.DOI:10.19474/j.cnki.10-1156/f.000882.

冯静，齐艳平，2021. 知识图谱在智慧城市治理过程中的应用 . 中国国情国力，(7):50-53.DOI:10.13561/j.cnki.zggqgl.2021.07.014.

付熙雯，郑磊，2013. 政府数据开放国内研究综述 . 电子政务，(6):8-15.D

付秀荣，2021. 智慧治理的主要风险及其化解对策 . 国家治理

(14):31－34.

复旦大学数字与移动治理实验室，2021. 中国地方政府数据开放报告（2020下半年）. [2021－12－31]. http://dsj.guizhou.gov.cn/xwzx/gnyw/202101/t20210122_66269368.html.

高奇琦，刘洋，2019. 人工智能时代的城市治理 . 上海行政学院学报，(2):33－42.

高奇琦，吕俊延，2017. 智能医疗：人工智能时代对公共卫生的机遇与挑战 . 电子政务，(11):11－19.

观察者网，2019. 旧金山投票禁止警察使用人脸识别技术，反对者担心犯罪率上升 .[2021－12－31]. https://www.guancha.cn/internation/2019_05_15_501681.shtml.

光明网，2021.《数字经济就业影响研究报告》发布　数字平台灵活就业潜力巨大 . [2021－12－31]. http://news.china.com.cn/mts/2021－09/30/content_1174154.htm.

郭明军，童楠楠，王建冬，2019. 政务数据与社会数据共享利用中存在的问题及应对举措 . 中国经贸导刊 (8):37－38.

恒星物联，2021. AI＋IoT：从万物互联到万物智联 .[2021－12－31]. https://zhuanlan.zhihu.com/p/94150658.

互联网医疗健康产业联盟，2018. 互联网医疗健康产业联盟：医疗人工智能技术与应用白皮书 .[2021－12－31]. https://www.sohu.com/a/230653403_483389.

黄如花，苗淼，2017. 中国政府开放数据的安全保护对策 . 电子政务，(5):28－36.

江门市广播电视台，2021．一图读懂"江门－香港跨境通办政务服务专区"．[2021-12-31]．https://wap.peopleapp.com/article/rmh23744819/rmh23744819.

蒋南平，邹宇，2018．人工智能与中国劳动力供给侧结构性改革．四川大学学报（哲学社会科学版），(1)：130-138．

解放日报，2016．政府信息公开：省级政府"透明度"上海排第一．[2021-12-31]．https://china.huanqiu.com/article/9CaKrnJUFcw.

界面新闻，2018．深陷 Facebook 数据丑闻 剑桥分析公司宣布破产．[2021-12-31]．https://baijiahao.baidu.com/s?id=15994995966676990548&wfr=spider&for=pc.

金国庆，2019．知识图谱技术在智慧城市中的应用．中国测绘，(10)：62-64．

李涓子，侯磊，2017．知识图谱研究综述．山西大学学报（自然科学版），40(3)：454-459．

李焱冬，2008．人工智能在电子政务建设中的实例应用初探．电子政务，(5)：87-93．

李振，周东岱，王勇，2019．"人工智能＋"视域下的教育知识图谱：内涵、技术框架与应用研究．远程教育杂志，37(4)：42-53．

梁宪飞，2020．对人工智能时代算法歧视的思考．中国信息化，(7)：54-55．

林立磐，2018．人工智能在电子政务公共服务领域的应用研究．自动化应用，(7)：157-158．

刘德建，杜静，姜男，等，2018．人工智能融入学校教育的发展趋势.开放教育研究，24(4):33-42.

马海群，蒲攀，2016.开放数据的内涵认知及其理论基础探析.图书馆理论与实践，(11):48-54.

庆斌，2014.紧抓数据机遇：英国数据能力战略.情报理论与实践，37(5):145.

深圳特区报，2020.深圳率先开展地方数据立法，发布征求意见稿.[2021-12-31]. http://sztqb.sznews.com/PC/content/202007/17/content_889852.html.

宋华琳，2018.中国政府数据开放法制的发展与建构.行政法学研究，(2):35-46.

苏竣，黄萃，2019.探索人工智能社会治理的中国方案.[2021-12-31]. https://epaper.gmw.cn/gmrb/html/2019-12/26/nw.D110000gmrb_20191226_1-16.htm.

苏伦 AI 频道，2020.从感知智能到认知智能.[2021-12-31]. https://zhuanlan.zhihu.com/p/124959650.

苏州日报社，2020.自适应红绿灯"会说话"为儿童安全保驾护航.[2021-12-31]. http://js.news.163.com/20/0720/10/FHVKIU3604248E8R.html.

唐斯斯，刘叶婷，2018.加强数据治理　提升国家创新力.[2021-12-31]. http://www.sic.gov.cn/News/612/9707.htm.

涂恬，2014."数据科学家"正在成为最热门职业.科技日报，2014-06-13(5).

王春晖，程乐，2021.《中华人民共和国数据安全法》十大法律要点解析.[2021-12-31]. https://m.gmw.cn/baijia/2021-09/01/35130741.html.

王晓冬，2021.我国公共数据开放面临的问题及对策.中国经贸导刊（理论版），(10):78-79.

王重光，2017.机器人步入智能养老.智慧中国，(Z1):86-87.

吴成良，2014."数据分析"成了"金饭碗".人民日报，2014-08-21(22).

吴进进，符阳，2021.算法决策：人工智能驱动的公共决策及其风险.开放时代(5):194-206, 10.

新华网，2017. 机器人自创语言聊天？人工智能，我该爱你还是怕你？. [2021-12-31]. http://www.xinhuanet.com/world/2017-08-03/c_129671008.htm.

雪球，2020.生活中无处不在的人工智能（515980）——无人驾驶.[2021-12-31]. https://xueqiu.com/6158882456/158660047.

央视新闻，2021. 上海数据交易所今日揭牌成立.[2021-12-31]. https://china.huanqiu.com/article/45j4VmdhKbK.

杨震，杨宁，徐敏捷，2016.面向物联网应用的人工智能相关技术研究.电信技术(5):16-19, 23.

乙智，2018."尖叫效应"与"信息茧房".[2021-12-31]. http://m.people.cn/n4/2018/0502/c25-10910831.html.

张坤颖，张家年，2017.人工智能教育应用与研究中的新区、误区、盲区与禁区.远程教育杂志，35(5):54-63.

张庆福，吕艳滨，2002.论知情权.江苏行政学院学报，(1):106-114.

张亚楠，2020.论政府数据开放立法的路径及其选择——以《贵阳市政府数据共享开放条例》为例.中国行政管理，(2):38-44.

张于喆，2019.人工智能、机器人的就业效应及对策建议.科学管理研究，37(1):43-45+109.

张育雄，2018.数字化浪潮下城市治理：从精细化向智能化变迁.电信网技术，(3): 9-11.

赵飞，兰蓝，曹战强，等，2018.我国人工智能在健康医疗领域应用发展现状研究.中国卫生信息管理杂志，15(3):344-349.

中国江苏网，2021.无锡构建全域性防护体系，为城市网络安全筑起"防护网".[2021-12-31].https://china.huanqiu.com/article/45D3IwLZFYu.

中国新闻网，2012.美国加州允许无人驾驶汽车合法上路.[2021-12-31].https://www.chinanews.com.cn/gj/2012/09-26/4213051.shtml.

重庆日报，2021.两地签署"1＋9"项大数据协同发展合作协议 川渝年底前将实现115个事项跨省通办.[2021-12-31].http://www.cq.gov.cn/ywdt/jrzq/202108/t20210828_9632806.html.

周文斌,2017.机器人应用对人力资源管理的影响研究.南京大学学报：哲学.人文科学.社会科学，54(6):12.

最多跑一次，2020.【领跑者】温州市"个人数据宝"释放公共数据便民红利.[2021-12-31].https://zj.zjol.com.cn/red_boat.html?id=100851740.